인공지능 개발자 윤리

인공지능총서

인공지능 시대입니다. 기계가 인간의 인지를 대신하고, 사물이 인간을 통하지 않고 다른 사물과 직접 커뮤니케이션합니다. 이에 따른 인간 삶과 문명 변화를 정확히 이해·예측·대응하는 것은 이 시대 우리 모두의 과제입니다. 인공지능총서는 인공지능 기술과 환경의 여러 주제를 10가지 키워드로 정리합니다. 관련 개념과 이론, 학계와 산업계의 쟁점, 우리 일상의 변화를 다룹니다. 인간과 기술의 현재, 미래를 세심히 분석합니다.

일러두기

- 인명, 작품명, 저서명, 개념어 등은 한글과 함께 괄호 안에 해당 국가의 원어를 병기했습니다.
- 외래어 표기는 현행 어문규정의 외래어표기법을 따랐습니다. 다만 '딥러닝', '딥마인드', '딥페이크' 등은 관행을 따랐습니다.

인공지능 개발자 윤리

목광수

대한민국, 서울, 커뮤니케이션북스, 2024

인공지능 개발자 윤리

지은이 목광수
펴낸이 박영률

초판 1쇄 펴낸날 2024년 10월 31일

커뮤니케이션북스(주)
출판 등록 2007년 8월 17일 제313-2007-000166호
02880 서울시 성북구 성북로 5-11
전화(02) 7474 001, 팩스(02) 736 5047
commbooks@commbooks.com
www.commbooks.com

ISBN 979-11-7307-179-9 03500

책값은 뒤표지에 표시되어 있습니다.

차례

지속 가능한 번영을 위한 첫걸음: AI 개발자 윤리

AI 시대에 대한 기대와 우려

인공지능(Artificial Intelligence, 이하 AI) 과학 기술이 무서운 속도로 광범위하게 우리 삶에 침투하고 있다. 2016년 3월, AI 과학 기술이 인류에 각인되는 사건이었던 딥마인드(DeepMind)사(社)의 알파고(AlphaGo)가 이세돌 9단을 이긴 사건은 놀랍기는 했지만, 바둑이라는 특정 영역에서의 진보라는 점에서 우리의 일상 삶과는 여전히 거리가 있었다. 그러나 2022년 11월, 오픈AI사(社)의 챗GPT(Chat Generative Pre-trained Transformer)라는 생성형 AI의 등장은 더 이상 AI와 우리의 삶 사이가 멀지 않음을 인식하기에 충분했다. 챗GPT는 일상 언어를 통해 삶의 다양한 영역에서 만족스럽게 사용될 수 있음을 보여 주었기 때문이다. 챗GPT가 공개된 지 2개월 만에 사용자 숫자가 1억 명을 돌파했음은 이러한 대중의 관심을 잘 보여 준다.

챗GPT는 일상 언어를 통해 질문을 던지면 바로 대답하는 방식인데 기존 챗봇이 특정 영역에서의 정보에 국한되면서도 부자연스러웠다면, 트랜스포머(transformer) 기술의 생성형 AI인 챗GPT는 일상의 수준뿐만 아니라 높은 수준의 내용까지도 사용자와 자연스러운 대화를 지속할 수 있다. 이에 따라 몇 달 동안 밤을 새워 가며 준비해야 했던 보고서나 문서가 챗GPT를 이용하면 하루 이틀 만에 만들어질 수 있게 되었다.

챗GPT로 대표되는 생성형 AI는 이처럼 다방면으로 활용되었는데, 인간의 고유한 영역으로 인식되었던 문학, 미술, 음악 등의 창작 영역에서도 뛰어난 역량을 보여 주었다. 2022년 9월에는 미국 콜로라도주 박람회의 연례 미술 대회에서 제이슨 앨런(Jason M. Allen)이 생성형 AI인 미드저니(Midjourney)를 통해 만든 작품인 〈스페이스 오페라 극장(Théâtre D'opéra Spatial)〉이 1등 상을 받기도 했다. 이러한 사례는 AI가 인간에게 번영과 풍요를 제공할 것이라는 기대감을 준다.

AI가 의료, 법률, 경제, 사회, 예술, 학문 등의 다양한 영역에서 빠르게 진보를 이뤄 내며 우리 삶에 스며들고 있다. 2023년 ≪네이처≫ 발표에 따르면, 기존의 실험 기반 연구 방법으로는 800년 이상 걸렸을 38만 개의 새로운 물질 발굴이 AI 과학 기술에 의해 단기간에 이루어졌다(맹성현, 2024). 이제는 AI 과학 기술의 발전이 상상 속에서만 가능해 보였던 미래의 전망을 현실화하는 시대가 되었다.

이러한 장밋빛 전망과 동시에 AI에 대한 우려도 적지 않다. AI의 발전 속도가 개발자들조차 예측할 수 없을 정도로 빠르게 진행되고 있어 통제할 수 없을 것 같은 두려움이 들기 때문이다. AI 발전 역사에서 기계 학습(Machine Learning)의 혁신적인 방식인 인공 신경망(Artificial Neural Network)의 딥러닝(Deep Learning)을 개발하여 현재와 같은 AI 발전의 토대를 쌓은 공로로 'AI의 대부'라 불리는 캐나다 토론토대학교의 제프리 힌턴(Geoffrey E. Hinton) 교수는 2023년 5월 구글을 퇴사하면서 ≪뉴욕타임스≫와 가진 인터뷰에서 AI가 빠른 속도로 발전하여 인간 지능을 능가할 날이 머지않았으며 이러한 AI가 부적절하게 사용될 경우 인류에게 심각한 위협이 될 수 있다고 경고하였다(Mets, 2023).

기존의 과학 기술과 다른 AI 과학 기술: 동적 특성과 재귀적 특성

어떤 사람들은 인류 역사에서 새로운 과학 기술이 등장할 때마다 그랬듯 AI에 대한 우려도 지금이야 심각해 보이지만, 시간이 지나면 별거 아닌 것으로 판명될 테니 야단법석 부리기보단 담담해지라고 조언하기도 한다. 만약 AI가 기존의 과학 기술과 같다면 그럴 수도 있을 것이다. 그런데 AI는 다른 과학 기술에 비해 다음의 두 가지 특징 때문에 이전과 다르게 대응할 필요가 있다.

AI의 첫 번째 특징은 '동적'이라는 점이다. AI 과학 기술은 지속적, 비약적으로 발전하고 있어 약(weak) AI를 넘어 강(strong) AI, 심지어 인간의 능력을 넘는 초지능(superintelligence) AI도 예견된다는 점에서 다른 과학 기술과 차별화되는 동적 특성이 있다. 또한 AI는 특정 영역에서만 영향력을 발휘하는 좁은 인공지능(Artificial Narrow Intelligence)에서 광범위한 영역에 적용되는 인공 일반 지능(Artificial General Intelligence)으로 확장되는 동적 특징이 있다. 수동적인 도구에 불과했던 과학 기술이 AI 시대에 와서는 인간 사고와 지적 활동에 영향을 끼치는 비자발적 능동성을 갖게 된 것이다(맹성현, 2024). 챗GPT가 2022년 11월 30일에 출시된 이후 인공 일반 지능 시대가 시작되었다는 평가가 지배적이며, 이젠 삶의 영역 곳곳에 AI가 스며들고 있다. 게다가 스스로 학습하는 기계 학습 방식으로 인해 AI 개발자들조차 AI가 어디까지 발전할지 예견할 수도 없을 정도로 동적이라는 점에서 과거의 과학 기술과는 다른 대응이 필요해 보인다.

AI의 두 번째 특징은 '재귀적' 성격에 있다. AI 과학 기술이 인간에게 영향을 끼쳐 인간의 정신세계와 존재 자체를 변화하게 한다는 것이다. 모든 기술, 특히 과학 기술이 인간에게 영향을 끼친다는 생각은 기술 철학 분야에서 오래전부터 논의되어 온 이야기다. 그런데 AI 과학 기술은 이를 사용하고 개발하는 인간의 삶 그 자체에 직접적으로 영향을 끼친다는 점에서 다른 과학 기술과 차별화된다.

AI는 휴머노이드 방식의 AI 로봇에서 볼 수 있는 것처럼 본질적으로 인간 삶 전반에서 인간의 역할을 대신하기 위해 만들어졌을 뿐만 아니라, 인간과의 대화를 통한 상호 작용은 필연적으로 인간의 생각과 존재에 영향을 끼친다. 영국 드라마 〈이어즈 & 이어즈(Years and Years)〉(2019)와 〈휴먼스(Humans)〉(2016, 2018)는 AI에 대한 신뢰와 친밀감이 높아져 감에 따라 AI에 대한 의존도 역시 더 높아질 뿐만 아니라, AI를 동경하고 닮으려고까지 하는 인간들의 모습을 생생하게 그린다. AI가 인간 존재 자체를 변화시키는 것이다.

AI 분야에서 교과서로 불리는 저서, 『인공지능: 현대적 접근방식(Artificial Intelligence: A Modern Approach)』(2020, 4판)의 저자인 스튜어트 러셀(Stuart Russell)과 피터 노비그(Peter Norvig)는 AI를 사람처럼 행동하는 시스템, 사람처럼 생각하는 시스템, 합리적으로 생각하는 시스템, 합리적으로 행동하는 시스템 등으로 정의한다. 이러한 정의는 AI가 다른 과학 기술과 달리 AI를 만든 인간과 긴밀한 관련성이 있다는 사실을 잘 보여 준다. 이처럼 AI 과학 기술은 인간과 상호 작용을 하는 과정에서 인간 삶에 직접적으로 영향을 끼쳐 변화를 야기할 수 있다는 점에서 '호모 파베르의 역설'을 여실히 보여 주는 과학 기술이다(손화철, 2020). 인간이 자신의 본성에 따라 인공물을 만들고 그 인공물에 의해 인간의 본성적 변화를 경험하게 되는 현상, 즉 도구를 만들어 사용하는 존재(Homo Faber)가 그 도구에 의해 존재적인 변화를 경험하는 현상이 '호모 파베르의 역설'이다. 이처럼 AI는 다른 과학 기술과는 차별화되는 재귀적 성격이 있다 점에서 신중한 대응이 필요하다.

지속 가능한 번영과 발전을 위한 AI 윤리

AI는 그 적용 영역이 광범위하여 우리 삶의 구석구석에서 영향을 끼칠 뿐만 아니라, 그 영향력은 인간 삶의 존재 양식을 바꿀 정도로 강력하다. 아마도 인류가 어떤 엄청난 사건을 계기로 자의든 타의든 AI 과학 기술을 파괴하지 않는 한, 욕망과 호기심을 가진 인간은 AI를 포기할 수 없을 것이다. 그렇다면, 어떻게 해야 AI가 가져올 혜택을 향유하면서도 AI가 초래할 문제를 피해 지속 가능한 인류의 발전과 번영을 추구할 수 있을까? AI 발전의 여정에서 위협과 피해라는 장벽을 잘 피하면서도 풍요와 번영으로 인도해 줄 수 있는 나침반이나 지도는 없을까? 이 역할을 할 수 있는 것이 바로 AI 윤리다. AI 개발과 활용의 모든 과정을 AI 윤리와 더불어 나아가며 윤리 실현을 도모할 때, 인류는 AI와 더불어 공존하며 발전할 수 있을 것이다.

윤리 실현을 위한 AI 윤리는 동적 특성에서 볼 수 있는 것처럼 발전 단계에 따라 체계적이어야 할 뿐만 아니라, 재귀적 특성으로 인해 외부적 관계와 내면적 동기 부여까지 영향을 미치는 통합적인 윤리여야 한다. 이 책은 체계적이며 통합적인 AI 윤리의 전반적인 윤곽을 제시하고 나서, AI 윤리 실현을 도모하기 위해 현 단계에서 절실히 필요하면서도 쉽게 간과되고 있는 영역인 AI 개발자 윤리에 집중하여 논의하고자 한다.

전문직 종사자로서의 AI 개발자

이 책에서 'AI 개발자'는 AI 설계(design), AI 개발(develop) 등의 종사자(practitioner)로 AI 작동에 영향을 행사하는 전문가(professional) 모두를 포괄하는 의미다. 전문가로서의 AI 개발자는 단순한 기술자로서 의뢰인의 요구를 그대로 따르는 것이 아니라, 자신의 노동을 스스로 통제할 뿐만 아니라 전문직의 존재 이유인 초월적 가치(transcendent value)를 위해 봉사한다는 의식과 자기 규제 능력을 갖춘 전문직 종사자다(Freidson, 2001). 따라서 전문직으로서의 AI 개발자는 AI 개발 과정에서 주체적이고 실질적인 영향력을 행사할 수 있어야 하며 전문직 윤리를 준수해야 한다.

AI 개발의 방향을 설정하고 개발 과정을 통제하며 구체적인 프로그램을 설계하는 작업의 주체가 AI 개발자다. 따라서 AI 개발자가 어떤 가치를 추구하며 개발하는가에 따라 AI의 발전 방향이 결정될 수 있다. 예를 들어, 공정성 가치를 중시하는 AI 개발자는 알고리즘이 불공정이나 차별을 초래하지 않도록 노력할 것이고 그러한 AI 알고리즘이 개발될 것이다. 그렇기 때문에 AI 개발자 윤리는 중요할 뿐만 아니라 필요하지만, 현재의 AI 윤리 논의에서는 많이 논의되지 않고 있는 실정이다. AI의 빠른 발전 과정에서 드러나는 윤리 문제들을 다루기에 분주해서일 수도 있고, 아니면 실제로 윤리 실현을 도모할 의도가 없으면서 윤리적인 인상만 주려는 '윤리 세탁(ethics washing)'의 관점에서 의도적으로 회피하는 것일 수도 있다. 어떤 이유이든, AI 윤리 실현을 위한 첫걸음으로 꼭 논의되어야 할 영역이 개발자 윤리임은 분명하다. 이 책은 AI 개발자 윤리의 필요성과 중요성을 부각하면서, 어떤 AI 개발자 윤리 모델이 적합한지를 모색하고자 한다.

오픈AI의 '5일 천하' 소동

챗GPT를 선보여 AI 과학 기술의 선봉장임을 과시한 오픈AI의 공동 창업자이자 최고경영자인 샘 올트먼(Sam Altman)이 2023년 11월에 이사회에 의해 전격 해임되었다가 5일 만에 복귀하는 사건이 있었다. 올트먼이 해임되었을 때, 오픈AI의 대주주인 마이크로소프트가 즉각 반발하였고 오픈AI의 공학자 중 90% 정도인 700여 명이 올트먼을 따르겠다고 선언했다. 결국 해임된 지 5일 만에 올트먼은 복귀하였고, 4명으로 구성된 이사회는 1명을 남기고 교체되었다.

'5일 천하'로 끝난 올트먼 추출 사건에 대한 전말이 밝

혀지지는 않았지만, 2015년 비영리단체로 설립된 오픈AI의 비전인 AI의 안정성과 적정성, 그리고 윤리적 사용과 관련된 이견 때문이라는 분석이 지배적이다. 챗GPT 성공으로 인해 더 많은 투자를 받아 AI 과학 기술의 발전에 박차를 가하려는 올트먼과 AI 윤리를 고려해 속도를 늦추려는 이사진 사이의 충돌 과정에서 이 사건이 일어났다는 것이다.

'5일 천하'가 해프닝으로 끝나면서, 일단 오픈AI는 AI 개발에 좀 더 적극적인 태도를 견지할 것으로 보인다. 다시 말해, AI로 인한 번영과 AI가 초래할 우려 사이를 조절하려는 AI 윤리의 자리가 작아지고 발전과 번영 쪽으로 기울어진 것이다. AI 개발 자체가 엄청난 규모의 투자를 요구하고, AI 개발 기업들 사이의 경쟁이 치열하여 속도를 늦출 수 없는 현실이 반영된 것이다. 이미 AI 개발 과정에 엄청난 기회비용을 치른 탓인지 AI에 대한 윤리적 고려는 힘을 잃어 가는 형국이다.

미국 비영리단체 '삶의 미래 연구소(Future of Life Institute)'는 2023년 3월, 위험성이 있어서 AI 개발을 6개월 동안 일시 중단해야 한다고 발표했다. 여기에 테슬라의 최고경영자(CEO) 일론 머스크(Elon Musk), 애플의 공동 창업자인 스티브 워즈니악(Steve Wozniak), AI

석학인 요슈아 벤지오(Yoshua Bengio) 교수 등의 유명 인사 1280명이 서명했지만, 결국 성명에 그쳤던 사건이 이런 분위기를 잘 보여 준다.

오픈AI는 2015년 비영리법인으로 인류의 번영을 도모하는 AI 개발을 목표로 설립되었다. 그러나 2019년 자회사인 영리법인 '오픈AI 글로벌'을 출범하면서 대규모 투자를 받기 시작했고, 그 덕분에 챗GPT를 출시할 수 있었다. '대규모 언어 모델(Large Language Model)'인 챗GPT는 대규모 데이터로 사전 학습된 초대형 딥러닝 모델이다. GPT 3인 챗GPT의 경우 1750억 개의 매개변수를 가진 대규모 언어 모델인데 이보다 더 성능을 높이기 위해서는 더 많은 데이터를 학습해야 한다. 그리고 이를 위해서는 더 큰 비용이 필요하다.

오픈AI의 경쟁사인 앤트로픽의 최고경영자 다리오 아모데이(Dario Amodei)는 최근 개발 모델의 경우 1억 달러(약 1380억 원)의 훈련 비용이 들었는데, 현재 진행 중인 모델은 10배인 10억 달러(약 1조 3800억 원)까지 비용이 치솟았다고 전했다(임대준, 2024). 이런 추세라면 첨단 모델의 개발 비용이 1년에 10배씩 증가할 것이라고 예견된다. GPT-4 개발에 3만 개 이상의 그래픽 처리 장치(GPU)가 들어가는데, 엔비디아의 최신 GPU인 'B200'

칩의 가격이 현재 3~4만 달러이니 10억 달러면 2만 5천~3만 3천 개를 구매할 수 있다. 이처럼 챗GPT 출시와 함께 생성형 AI의 개발 경쟁이 심화되면서 엄청난 비용과 에너지 사용이 기업들 사이에 경쟁적으로 이뤄지고 있다. 이런 추세를 반영해 2023년 ≪타임≫(2월 27일/3월 6일)의 표지는 챗GPT를 등장시키고 머리기사 제목으로 "AI 군비 경쟁이 모든 것을 바꿔 가고 있다!(The AI Arms Race Is Changing Everything!)"를 정했다.

오픈AI의 '5일 천하' 사건은 AI 개발에서 개발자 윤리가 중요함을 다시 한번 보여 준다. 특히 AI 개발자가 자신을 전문가로 인식하여 전문직 윤리를 통해 덕성을 함양해야 함을 보여 준다. AI의 발전이 경제적 가치와 사회적 명성과 같은 가치보다 더 숭고하고 의미 있는 가치를 추구할 용기 덕성을 가진 AI 개발자에 의해 주도될 필요가 있다.

이 책의 구성

이 책의 1장은 AI 시대의 도래와 AI 윤리의 필요성을 다룬다. 알파고부터 챗GPT로 대표되는 생성형 AI의 발전 과정에서 볼 수 있는 것처럼, AI의 발전 속도는 개발자들조차 예측할 수 없을 정도로 빠르게 이뤄지고 있으며 이에 따른 인간 삶의 번영과 발전이 기대되고 있다. 그러나 이런 장밋빛 전망과 더불어 예측할 수 없을 만큼 빠른 발전 속도로 인한 불확실성은 불안과 우려를 낳고 있다. 수없이 많은 직업들이 사라질 것이라는 현실적 예측뿐만 아니라, 인류의 파멸을 초래할지도 모른다는 파국적 예측 또한 난무한다. 이러한 전망과 우려는 인류가 AI 시대를 살아가고 있음을 다시 한번 각인시킨다. AI의 발전으로 인한 풍요와 번영을 누리면서도 우려와 걱정을 덜어내기 위해 필요한 것이 바로 AI 윤리다.

2장은 AI 윤리의 형식적 구조와 AI 윤리 층위 구분을 다룬다. AI 윤리를 구성하기 위해서는 AI 윤리가 이론적 차원에서 갖춰야 할 형식적 구조가 무엇인지를 먼저 알 필요가 있다. 왜냐하면 이런 구조는 AI 윤리가 실현되기 위한 체계성과 통합성을 구체적으로 제시해 주기 때문이다. 도덕의 구조는 기존의 윤리 이론들이 내용적 측면에서 다양하지만, 형식적 측면에서 공통된 특성이 있음을 보여 준다. 기존 윤리 이론들은 2인칭 관점에서 타자로부터의 윤리 요구를 전제하며, 3인칭 관점에서 보편적인 규범을 제시하고, 1인칭 관점에서 그러한 보편 내용을 자신의 의무로 수용하려는 규범성에 관한 논의를 갖추고 있다. AI 윤리 또한, 하나의 윤리 이론으로 제시되고자 한다면, 이러한 세 가지 관점이 형식적 차원에서 통합적으로 제시되어야 한다. 이렇게 통합성을 갖춘 이론 층위의 AI 윤리는 현실에서 사회 문제 해결에 주안점을 둔 3인칭 관점의 제도 층위와 1인칭 관점의 규범성을 강조하는 개인 윤리 층위에서 논의된다. AI 윤리는 이처럼 다양한 층위에서 논의가 이뤄지기에 혼란을 피하고 생산적인 논의를 전개하기 위해서는 논의되는 '윤리'가 어떤 층위의 것인지를 이해하는 것이 중요하다.

3장은 현재 AI 윤리 논의에서 가장 활발하게 논의되고 있는 제도 층위의 윤리가 무엇인지를 살펴본다. 제도 층위의 AI 윤리는 AI 윤리 헌장, AI 윤리 규정, AI 윤리 지침 등의 이름으로 제시되는데, 사회적 차원에서 해결이 시급한 문제들에 대한 사회적 대응 방식에 해당한다. 제도 층위의 AI 윤리는 다른 층위와의 협업 관계를 통해 제시될 때 윤리 실현을 도모할 수 있다. 만약 그렇지 않고, 제도 층위의 AI 윤리만 제시되면 사회적으로 윤리를 추구하려는 이미지만 부각할 뿐, 실제로는 윤리 실현과는 거리가 먼 '윤리 세탁'에 불과할 수 있다.

4장은 AI 윤리에서 가장 이론적이며 토대적인 논의에 해당하는 이론 윤리 층위에 대한 것이다. 이론 층위의 윤리는 학문적 차원의 윤리 논의로서 1인칭 규범성, 2인칭 관계성, 3인칭 보편성이라는 공통의 형식적 구조를 갖추고 있다. 이런 형식적 공통성으로 인해 이론 윤리 층위는 다른 층위들에 이론적 토대를 제공하여 각 층위들이 체계적으로 작동하도록 돕는다.

5장은 현재 AI 윤리 논의 가운데 윤리 실현을 위해 중요하면서도 가장 논의가 적어 취약한 개인 윤리 층위를 다룬다. 개인 윤리 층위는 사회 구성원들 각각이 자기 삶의 가치관이나 신념 등을 토대로 특정 윤리 내용을 자신의 의무로 받아들여 실질적인 실천을 도모하는 층위다. 윤리 실현이 인간의 행위로부터 비롯된다고 할 때, 윤리 실현이 결과적으로 나타나기 위해서는 개인 윤리 층위가 필수다. 개인 윤리 층위는 윤리 문제를 포착하여 다른 층위들이 이를 이론적으로 또는 제도적으로 대응하도록 촉구하는 역할을 한다.

6장은 윤리 실현을 위해 윤리에 대한 세 층위가 어떻게 관계 맺어야 하는지 다루고 있다. 윤리 실현은 도덕의 구조 논의에서 본 것처럼, 1인칭 관점의 규범성을 주제적으로 보여 주는 개인 윤리 층위, 3인칭 관점의 보편성에 초점을 맞춘 제도 윤리 층위, 도덕의 구조를 잘 갖춘 이론 윤리 층위가 통합적으로 작동해야만 가능하다. 왜냐하면, 세 층위가 각각 독립적이면서도 상호 긴밀한 관계 속에 있기 때문이다. 이론 윤리 층위는 다른 층위들의 이론적 토대가 되면서, 동시에 다른 층위들의 영향으로 현재 우리에게 좀 더 시급한 윤리 문제를 포착할 뿐만 아니라 현실성을 갖출 수 있다. 제도 윤리 층위는 이론 층위로부터는 이론적 토대를 그리고 개인 윤리 층위로부터는 윤리 문제 포착과 숙고된 도덕 판단을 제공받는다. 또한 제도 층위는 개인 윤리 층위에서 형성될 수 있는 다양한 가치관들의 범주를 제공한다. 개인 윤리 층위는 다른 층위들에 윤리 문제를 제공하여 층위 형성의 계기를 마련해 주는 동시에, 다른 층위들로부터 이론적 토대와 제도적 토대를 제공받는다.

7장은 AI 알고리즘을 개발하고 AI를 학습시키는 AI 종사자들에 대한 윤리, 즉 AI 개발자 윤리가 어떤 방향으로 모색되고 형성되어야 하는지를 검토한다. 현재 AI 윤리 영역에서는 개인 윤리 층위 자체에 대한 논의는 찾아보기 어렵고, 제도 층위에서 제시된 윤리 지침을 그대로 AI 개발자에게 교육하는 방식의 논의가 주를 이루고 있다. 그런데 이러한 방식에는 사회 구성원들 각자에게 윤리 내용을 내면화하는 데 취약할 뿐만 아니라 윤리에 대한 부정적 이미지를 형성하여 윤리 실현에 오히려 방해된다는 비판이 제기되고 있다. 따라서 AI 윤리 지침 교육이 아닌 다른 방식, 즉 덕성 중심의 AI 개발자 윤리로 모색할 필요가 있다.

8장은 덕성 중심의 AI 개발자 윤리가 전문직 윤리를 전제해야 함을 보인다. AI 개발자는 과거 전문직 윤리의 대상이었던 의사나 법률가처럼 전문직 종사자로 볼 수 있다. 왜냐하면 AI가 사회에 미치는 영향력이 인류의 정신세계뿐만 아니라 물질세계 전반에 걸쳐 막강하기 때문이다. 전문직 윤리가 전문가들의 내면에도 초점을 두었던 것처럼, 전문직 윤리로서의 AI 개발자 윤리는 1인칭 관점의 규범성을 강화하는 덕성 중심의 논의여야 한다.

9장은 덕성 중심의 AI 개발자 윤리 모델을 제시하기 위하여 벤치마킹의 기준점으로 사용할 '과학자 덕성 모델(scientific virtue model)'을 소개한다. 과학자 덕성 모델은 기존의 과학자 지침 교육의 대안으로, 로버트 페녹(Robert Pennock) 교수를 중심으로 이론 연구와 경험 연구의 협업을 통해 과학자 덕성 목록을 구성하고, 이를 효과적으로 함양할 수 있는 교육 모델을 만들어 실제 워크숍을 통해 교육하여 효과를 입증한 모델이다. 덕성이 해당 전문가 공동체의 궁극적 목적(telos)을 중심으로 제시되는 탁월한 사람들의 내면 상태이기에, 이러한 덕성 목록을 뽑아내어 해당 공동체의 구성원들이 내면화할 기회를 제공한다면, 구성원들 모두가 적정 수준의 덕성을 함양할 수 있을 것이다.

10장은 과학자 덕성 모델을 벤치마킹하여 실제로 덕성 중심의 AI 개발자 모델을 제시하려는 시도다. 덕성 중심의 AI 개발자 모델은, 과학자 덕성 모델과 마찬가지로, AI 개발자들을 인터뷰하고 연구하여 AI 개발자들에게 요구되는 덕성 목록을 구성하고, 이를 효과적으로 교육할 수 있는 모델을 제시하며, 이를 바탕으로 한 실제 워크숍을 실시하는 모델이다. 이 책은 덕성 모델을 이론적으로 제안하는 내용만을 담고 있다. 따라서 덕성 기반의 AI 개발자 윤리가 실천적 차원의 모델로 구체화되기 위해서는 추후 한국 사회의 AI 개발자들과의 소통을 토대로 하는 경험 연구를 통해 현실화될 필요가 있다. 이렇게 현실화된 AI 개발자 윤리를 통해 AI가 초래하는 윤리적 문제들에 효과적으로 대응되면서 AI의 혜택이 풍성히 향유되기를 기대한다.

우리는 AI 시대를 살아가고 있다. AI는 우리 삶의 곳곳에 스며들어 와 우리가 인식하든 인식하지 못하든 막강한 영향력을 행사하고 있다. AI가 인류의 지속적인 번영과 발전에 기여하기 위해서는 AI 윤리에 따라 AI를 설계하고 개발하며 사용해야 한다. 이 책에서 제시할 '덕성 중심의 AI 개발자 윤리'는 AI 윤리 실현을 위한 첫걸음이지만 힘찬 걸음이 될 것이다.

참고문헌

맹성현(2024). 『AGI 시대와 인간의 미래』. 헤이북스.

목광수(2020). 인공지능 개발자 윤리: 덕성 기반의 모델을 제안하며. ≪철학논총≫ 제102집 제4권.

손화철(2020). 『호모 파베르의 미래』. 아카넷.

임대준(2024). 앤트로픽 "첨단 모델 개발 비용 1년에 10배씩 증가...현재는 1.4조 달해". ≪AI 타임스≫ 20240709. https //www.aitimes.com/news/articleView.html?idxno=161423

Freidson, E.(2001). *Professionalism, the third logic: on the practice of knowledge.* University of Chicago Press. 박호진 옮김(2007). 『프로페셔널리즘: 전문직에 대한 사회학적 분석과 전망』. 아카넷.

Mets, C.(2023). 'The Godfather of AI' Quits Google and Warns of Danger Ahead. *The New York Times.* https //www.nytimes.com/2023/05/01/technology/ai-google-chatbot-engineer-quits-hinton.html

Russell, S. & Norvig, P.(2020). *Artificial Intelligence: A Modern Approach* 4th edition. Pearson.

01
AI 시대의 도래와 AI 윤리의 필요성

AI 시대가 인류에게 장밋빛 유토피아를 선사할지, 아니면 암울한 디스토피아를 초래할지는 AI 과학 기술을 개발하고 사용할 인류의 손에 달렸다. 언제까지 가능할지는 모르겠지만, 적어도 아직은 AI가 인간의 통제 아래 발전하고 있기 때문이다. AI 과학 기술을 인류의 지속 가능한 발전과 번영으로 인도할 나침반은 무엇일까? AI의 발전 노정에서 파괴적인 길목을 피하게 하고 공존과 번영의 길로 인도해 줄 나침반이 바로 AI 윤리다.

AI 윤리 문제들의 분류: 전통적, 현재적, 미래적 문제들

AI 과학 기술과 관련된 윤리적 물음들은 제기된 시기와 물음의 성격에 따라 세 개의 범주로 분류할 수 있다. 첫 번째 범주는 AI 과학 기술의 초기부터 제기되던 전통적인 윤리 문제들로 AI를 인간으로 혼동하여 생겨나는 의인화 문제, AI 사용으로 제기되어 책임 공백을 초래한 인위적 해악(artificial evil) 문제, AI의 선택이 바람직할지에 대한 트롤리 문제(Trolley Problem) 등이다.

두 번째 범주는 AI 과학 기술의 발전 과정에서 직면하는 현재의 윤리 문제들로 AI가 초래하는 불공정과 차별의 문제, AI로 인한 일자리 상실과 같은 부정의(injustice) 문제, AI 사용 과정에서 제기되는 저작권과 소유권 문제, AI가 초래할 프라이버시 침해 문제, AI의 과도한 에너지 사용이 초래할 기후 변화 문제, AI가 인류의 자율성을 훼손할 문제 등이다.

세 번째 범주는 AI 과학 기술이 지금보다 더욱 발전되어 초래할 미래의 윤리 문제들로, 인간 존재 위협 등의 문제다. AI가 인간의 지능이나 능력을 능가할 뿐만 아니라, 인간의 통제를 벗어나 자유로운 결정을 내리게 되는 수준의 발전이 되었을 때 제기될 수 있는 문제다. 미래 학자인 닉 보스트롬(Nick Bostrom)에 따르면, 실존적 위협은 '기술적 특이점(Technological Singularity)'을 지나 AI가 인간 지능보다 우월한 초지능(superintelligence) 상태가 되었을 때 제기될 수 있는 문제다(Bostrom, 2014). 사실 이 단계에서의 AI 문제는 기존 도덕 체계에서 다뤄지기 어렵다. 도덕의 구조 논의에서 볼 것처럼, 기존 도덕과 윤리 체계는 인간 중심의 논의여서 인간 이외의 존재자가 인간과 같은 도덕적 지위를 갖게 되었을 때부터는 유효하지 않을 수 있기 때문이다. 이 범주의 문제들에는 탈(脫)-인간 중심의 도덕이 새롭게 구성되어야 할 필요가 있다. 이와 관련해 인간 중심 윤리로부터 탈-인간 중심 윤리로의 과도기적인 공존 윤리가 어떻게 제시되어야 할지는 정보 철학자인 루치아노 플로리디(Luciano Floridi)의 정보 윤리학을 참고할 수 있다(목광수, 2023).

이렇게 본다면, AI 과학 기술과 관련된 윤리적 물음들 가운데 직접적 논의가 가능한 대상은 첫 번째 범주와 두 번째 범주일 것이다. 그렇다고 세 번째 범주는 논의할 필요가 없다는 말은 아니다. 세 번째 범주 또한 인간이 AI와 어떻게 관계 맺는가와 관련되어 미래에 나타날 문제이기 때문이다. 다시 말해, 세 번째 범주는 지금의 AI 윤리 대응과 밀접하게 관련된 미래의 문제다. 따라서 이 장에서는 먼저 논의가 필요한 첫 번째 범주와 두 번째 범주의 윤리 문제들에 집중하고자 한다.

전통적인 AI 윤리 문제들

AI와 관련해 제기되는 전통적인 윤리 문제들 가운데 첫 번째는 AI 로봇의 의인화(擬人化) 문제다. 이 문제는 AI가 인간의 능력을 모방하기 위해 모색된 과학 기술이라는 점에서 불가피한 결과다. 예를 들어, 보스턴 다이내믹스사(社)가 2015년 자신들이 개발한 개 모양의 사족 보행 로봇 '스팟(Spot)'의 뛰어난 균형 능력을 보이기 위해 개발자가 발로 차도 넘어지지 않는 홍보 동영상을 공개했을 때, 이에 대해 시청자들이 보인 엄청난 도덕적 분노와 비난 사례가 의인화의 대표적인 사례다(정지훈, 2015). 이 사례 이외에도, 독거노인이 자신과 오랫동안 말동무를 했던 소셜 로봇에 애착을 보인 사례, 인간 병사가 자신과 오랫동안 지뢰 제거 작전을 함께 했던 로봇이 고장 났을 때 슬퍼했던 사례 등은 관계 맺은 사람이 AI 로봇을 사물 이상의 존재로 의미 부여하고 있음을 알 수 있다. 일부에서는 이런 의인화 문제에 대해 이용자들이 도구에 불과한 AI를 그 이상의 무엇으로 착각하거나 오해하여 생겨나는 것이라 지적한다. 즉, 윤리 문제라기보다는 교정할 인식의 문제라고 주장하는 것이다.

그러나 관계론적 측면에서 볼 때, 인간과의 교류를 통해 AI의 존재 지위가 정해질 수도 있을 것 같다. 이렇게 본다면 의인화의 문제를 단순히 교정할 인식의 문제로 보기는 어려워 보인다. 더욱이 최근 오픈AI가 기존 챗GPT의 업그레이드 버전으로 보고, 듣고, 말하는 GPT-4o를 출시하여, 인간이 대화 서비스 AI와 사랑에 빠지는 영화 〈그녀(Her)〉(2013)가 단순한 공상이 아니게 될 수도 있음을 보여 주었다. 이처럼 AI 자체만으로도 의인화가 가능하며, 이런 AI가 인간의 외양을 닮은 휴머노이드 로봇에 탑재되어 인간과의 경험 교류가 다각화될 때는 의인화와 관련된 문제가 더욱 심화할 수 있다.

두 번째는 AI의 정상적인 작동이 의도치 않게 인간에게 피해를 야기하는 문제다. 2010년 5월 6일 미국 증권시장에서 주식 매매를 진행하는 AI 프로그램이 알고리즘에 따라 정상적으로 작동하였음에도 30여 분 동안 약 9%인 1000포인트의 주가 급락과 반등하는 사고가 발생했는데, 기존의 도덕 체계에서는 이러한 상황에 대해 윤리적 평가를 할 수 없어 논란이 발생했다. 왜냐하면, 기존의 도덕 체계는 인간이 초래한 해악에 대해서만 가치 평가를 하는데, AI 프로그램이 야기한 사고는 이러한 해악에 해당하지 않아 도덕적 책임의 공백을 초래하였기 때문이다. 조금 다른 결이기는 하지만, AI를 탑재한 자율 주행 자동차(Autonomous Driving Vehicle)가 야기할 수 있는 교통사고에 대해 누구에게 책임을 귀속해야 할지에 대한 도덕적, 법적 논쟁 또한 AI가 초래한 해악과 책임 공백 문제와 관련된다. 플로리디는 기존의 자연적 해악과 인간의 해악이 포착하지 못하는 이러한 해악을 '인위적 해악' 개념으로 규정한다(Floridi, 2013).

세 번째는 AI의 선택과 결정이 바람직할지에 대한 트롤리 문제다(안세진, 2024). AI 기술 중 가장 빠르게 실용화될 것이라고 기대되는 자율 주행 자동차와 관련하여 가장 많이 제기되는 윤리학적 문제가 트롤리 문제다. 트롤리 문제는 AI가 탑재된 자율 주행 자동차가 자율 주행 과정에 소수를 희생하여 다수를 구할지, 운전자를 구하고 보행자를 희생할지 등의 딜레마로서, 행위자에게 두 행위 각각을 수행해야 할 도덕 의무가 있음에도 행위자가 둘 모두를 할 수 없는 상황을 의미한다. 따라서 절대적인 판단이 존재한다기보다는 주어진 상황에서 최선의 결정을 해야 하는 상황이다. AI가 탑재된 자율 주행 자동차의 트롤리 문제가 보여 주는 것처럼, AI는 그 속성상 자율적인 결정을 내리는 과학 기술이다. 이런 AI가 인간을 대신하여 자율적인 선택을 내리게 될 상황에서 어떤 선택이 바람직할지의 문제는 AI와 관련하여 전통적으로 중요한 윤리적 물음이다.

현재의 AI 윤리 문제들

현재 논란이 많은 AI 윤리 문제들 가운데 대표적인 문제가 불공정과 차별 문제다. 『대량살상 수학무기』(2017)에서 캐시 오닐(Cathy O'Neil)은 미국 사회의 여러 사례를 통해 인간의 편견과 오만을 코드화한 알고리즘이 차별과 부정의를 정당화하는 실상을 고발한다. 이 책에 소개된 사례 중 하나는 한국계 미셸 리(Michelle Rhee) 워싱턴 교육감이 2009년 도입한 교원 평가 알고리즘 '임팩트(IMPACT)'다. 임팩트에 의한 교원 평가 제도는 업무 역량 평가에서 '우수' 등급을 받는 교사에게 최대 2만 5천 달러의 보너스를 주고 '무능' 등급을 받는 교사는 2년 안에 해고할 수 있도록 했다. 이 제도의 도입은 미국의 교육 개혁에 지대한 공헌을 했다는 긍정적인 평가도 있지만, 임팩트 알고리즘이 공정성을 훼손하고 차별을 조장하여 능력 있는 교사들을 부당하게 해고했다는 부정적인 평가도 있다. 왜냐하면, 임팩트 알고리즘은 학생들의 학기 초 학업 성적과 학기 말 학업 성적을 비교하여 교사의 수업 능력을 평가하는 방식인데, 학교 교육에서 학업 성적을 관리하는 것만이 교사의 역할이 아닐 뿐만 아니라, 학기 초의 학업 성적 정보에 오류가 있을 경우 학업 성적 변화를 정확하게 판단하기 어렵기 때문이다. 이에 따라 학부모들과 동료 교사들로부터 우수한 교사로 평가받았던 교사들조차 부당하게 해고되는 사례가 빈번하게 발생했다. 실제로 이 제도가 시행된 지 1년 후에 우수한 교사들을 포함하여 500명이 넘는 교사가 자의든 타의든 교단을 떠났다. 교육의 가치를 특정한 항목의 수치로 계량화하는 AI 알고리즘 방식이 의도와 무관하게 불공정을 초래한 것이다.

두 번째는 AI로 인한 일자리 문제와 경제적 불평등과 같은 부정의 문제다. AI에 대한 사회적 관심이 고조되던 시기부터 AI로 인한 일자리 상실 문제는 심각한 문제로 고려되고 있다. 인간에게 일자리는 개인의 생계유지 수단인 동시에 자존감과 존재의 토대이기 때문이다. 미국 백악관이 2016년 10월에 발간한 『AI의 미래를 위한 준비(Preparing for the Future of Artificial Intelligence)』 보고서와 12월에 발간한 『인공지능과 자동화가 경제에 미치는 영향(Artificial Intelligence, Automation and the Economy)』 보고서는 AI가 기존의 직업을 대체하는 동시에 새로운 직업을 창출할 것이라고 예측한다. 예를 들어, 자율 주행 자동차 기술에 의해 220~310만 명의 일자리가 위협받거나 조정될 수 있다고 말이다. 과학 기술의 발전이 기존에는 육체노동 관련 직종에 주로 영향을 미쳤던 반면에, 상당한 지적 능력을 보여 주고 있는 AI는 전 영역으로 그 영향력이 확장될 전망이다.

또한, 세계 경제의 흐름이 AI와 빅데이터를 활용한 기업들 중심으로 변화하고 있고, 이러한 변화가 가속화, 집중화되면서 경제적 불평등이 더욱 심화될 것으로 보인다. 왜냐하면 AI 기업들은 과거의 제조업과는 달리 상대적으로 적은 숫자의 개발자들을 통해 독점적으로 부를 창출하기 때문이다. 더욱이 이런 불평등 심화가 정당한 분배에 따른 것인지도 논란의 여지가 적지 않다. 예를 들어, AI 플랫폼 기업들은 플랫폼 사용자들의 데이터를 수집하여 이를 토대로 맞춤형 광고를 통해 수익을 창출하거나 데이터를 판매하여 막대한 수익을 올리고 있다(Tanner, 2017). 이 과정에서 데이터 제공자가 얻는 혜택은 무상으로 플랫폼을 이용한 것 정도뿐인데, 데이터 제공자가 데이터로 인한 이익의 일부조차 분배받지 못한 것이 정의로운 분배인지 의문시되고 있기 때문이다(목광수, 2020).

더욱이 AI 발전의 토대에는 인간의 저임금, 단순노동의 문제와 착취의 문제가 자리 잡고 있다. AI가 효율적으로 작동하기 위해서는 데이터 학습이 필수적인데, 이런 데이터 학습을 위해서는 데이터 각각에 라벨링을 해야 한다. 현재 필리핀, 케냐, 베네수엘라와 같은 아프리카와 아시아의 저임금 노동자들이 최저임금도 되지 않는 열악한 환경에서 라벨링 작업을 하고 있다(최서은, 2023). 또한 이런 라벨링 작업 과정에서 노동자들이 심각한 정신적 고통을 호소하기도 한다. AI 학습 데이터로 사용될 수 없는 자극적이고 폭력적인 표현이나 이미지를 걸러내는 작업을 하면서 정신적 충격과 트라우마를 겪는 경우가 적지 않기 때문이다. 이러한 현상을 두고 미국의 ≪MIT 테크놀로지 리뷰≫는 '인공지능이 새로운 식민 세계 질서를 만들어 내고 있다(Artificial intelligence is creating a new colonial world order)'는 자극적인 제목의 글을 통해 AI 발전 과정에서 저개발 국가의 시민들이 겪는 노동 문제를 부각했다(Hao, 2022).

세 번째는 AI 개발 과정에서 제기되는 저작권과 소유권 문제다. 생성형 AI인 챗GPT의 개발 과정에서 볼 수 있는 것처럼, AI의 성능을 높이기 위해서는 대량의 학습 데이터가 요구된다. 생성형 AI의 성능은 데이터의 양과

비례하여 증가하기 때문이다. 더욱이 최근 연구에 따르면 이때 데이터는 AI가 자체 생산한 것보다 인간이 생산한 것이 성능 향상에 큰 도움이 된다고 한다. 이렇게 개발 과정에서 데이터 수집과 선별이 중요해진 만큼 기존 데이터의 저작권과 소유권 문제가 제기되기 마련이다. 2023년 12월 27일 ≪뉴욕타임스≫는 AI 학습에 자사의 저작물을 사용한 것에 대해 오픈AI와 마이크로소프트를 상대로 저작권 침해 소송을 제기했다. ≪뉴욕타임스≫는 자사의 기사가 독립적이고 독창적이며 높은 수준의 전문성을 갖췄을 뿐만 아니라, 막대한 비용을 통해 생산되는 고급 정보임에도, AI 기업들이 무상으로 데이터를 사용하는 것이 윤리적, 법적으로 심각한 문제임을 지적했다(최승재, 2024).

네 번째는 AI가 초래할 프라이버시 침해 문제다. 넷플릭스의 다큐멘터리 영화 〈거대한 해킹〉(2019)은 AI가 얼마나 광범위하게 개인정보를 수집하여 프라이버시를 침해할 수 있는지를 보여 준다. 프라이버시는 자아 정체성의 토대인 인간의 자기 존재 근거이면서, 동시에 타인과의 원활한 관계를 위한 기초라는 점에서 인간에게 본질적으로 중요한 가치다(목광수, 2021). 비식별화 과정을 통한 데이터는 비교적 안전하다는 믿음이 일반적이지만, 컴퓨팅 파워의 증대와 알고리즘 기술의 발전은 비식별화된 데이터를 재식별화하여 프라이버시 침해가 가능하게 되었다. 하버드대학교의 라타냐 스위니(Latanya Sweeney) 교수는 미국 인구 조사에 포함된 우편번호와 생년월일, 그리고 성별에 대한 자료만 분석하더라도 피조사자의 87.1%의 신원 확인이 가능함을 입증했다(황주성, 2013). 스위니 교수는 또한 2015년 발표한 논문에서 민감한 개인정보로 분류되어 비식별화한 한국의 처방전 데이터의 주민등록번호가 재식별화될 수 있음을 보임으로써 현재 사용 중인 비식별화 방식이 안전하지 않다는 것을 보여 주었다(Sweeney & Yoo, 2015).

다섯 번째는 AI의 에너지 소모로 인한 환경 윤리 문제다. 기후 위기로 인해 이산화탄소 배출량을 줄여야 한다는 사회적 분위기가 팽배하지만, AI는 이 문제에서 예외로 간주되는 경향이 있다. AI가 사회 곳곳에서 사용되어 더 많은 데이터 보관이 필요해지면서 전기 소비량이 급격하게 증가하고 있지만, AI와 에너지의 관련성을 쉽게 생각하지 못하는 듯하다. 데이터 저장을 위한 '클라우드(cloud)' 서비스가 친환경적인 이름이고, AI의 전기 사용 자체가 눈에 띄지 않기 때문일 수 있다. 어쨌든, AI는 막대한 전기 에너지를 소비한다. 챗GPT인 GPT-3를 훈련하는 데 21만~70만 리터의 물이 필요했을 것으로 추정되는데, 이는 자동차 300~1000대를 생산하는 데 사용되는 물과 동일한 수준이다. 생성형 AI의 사용이 증가되면서 데이터를 보관하는 거대한 데이터센터가 전 세계적으로 증가하고 있는데, 이런 증가는 전기 소비량 증가를 더욱 가속화한다. 국회입법조사처의 『이슈와 논점』(2024)에 따르면, AI 활용의 증가로 인해 AI 관련 전기 소비량은 전 세계적으로 2026년까지 2022년의 2배가 될 것이라고 한다. 국내 역시 2023년 말 기준으로 150개의 데이터센터가 있지만 2029년 신규 데이터센터 수요는 732개에 이른다고 한다.

여섯 번째는 AI가 인간을 조정하고 통제하여 자율성을 훼손하고 민주주의를 침해할 우려다. 넷플릭스의 다큐멘터리 영화 〈소셜 딜레마〉(2020)는 AI 플랫폼 기업이 페이스북과 같은 소셜네트워크서비스(SNS) 사용자들을 어떻게 조종하고 통제하는지를 잘 보여 준다. 플랫폼 기업은 AI 기술을 통해 사용자의 취향과 관심을 추적하면서 사용자의 심리를 이용해 주의를 끌어 온라인 상태를 유지하게 하고 상품을 구매하도록 유도한다(Dodsworth & Fagan, 2023). 또한, 2018년 3월, 케임브리지 애널리티카에 근무했던 개발자 크리스토퍼 와일리

(Christopher Wylie)의 내부 고발로 인해 미국에서 청문회까지 열렸던 케임브리지 애널리티카 사건은 페이스북이 2016년 미국 대선 때 페이스북 이용자 8700만 명의 데이터를 이용자 동의 없이 수집하여 특정 후보를 지지하는 맞춤형 선거 운동에 이용한 사건이다. 페이스북 사용자는 재미 삼아 무료 인격 테스트에 응했을 뿐인데, 자신의 정치 성향을 포함한 다양한 심리 데이터뿐만 아니라 자기 지인들의 데이터까지 수집되고 분석되어 특정 후보를 지지하도록 유도하는 데 이용됐다. 이러한 사례에서 볼 수 있는 것처럼 AI가 인간을 통제하고 조정하여, 자율성을 훼손하는 문제는 민주주의를 위협하는 심각한 윤리적 문제다.

체계적이며 통합적인 AI 윤리가 필요

AI는 지속적으로 발전하는 동적인 과학 기술이며, 인간의 정신세계와 물질세계 전반에 걸쳐 지대한 영향을 끼치는 재귀적인 성격의 과학 기술이다. 이에 따라 AI 과학 기술과 관련된 윤리적 논의는 시간이 지나면 잠잠해질 문제가 아니라 좀 더 심화되고 확장될 수 있다는 점에서 체계적이고 통합적인 대응을 요구한다. 체계적이라는 의미는 AI 과학 기술의 발전 과정에서 변화하는 윤리 문제에 발전 단계별로 대응하는 윤리여야 한다는 의미다. 비슷한 맥락에서 손화철은 AI 개발과 관련된 전체 과정에 윤리가 동반되어야 한다는 '목적이 이끄는 기술'(손화철, 2017)을 제안하고, 허유선 등은 "기술 연구, 개발, 설계, 사회 내 도입 단계부터 그것이 우리 사회에 추구하는 가치에 부합하고 이를 증진하는 것인지를 철저히 검토해야 하는 것"이라는 입장을 제시한다(허유선 외, 2020).

AI의 윤리적 문제에 대한 논의가 생산적이지 못하고 혼란에 빠지게 되는 이유 중 하나는, 약 AI와 관련된 윤리 문제를 논의하는 과정에 인간보다 뛰어난 지능을 가진 초지능 AI가 인류를 위협하는 윤리 문제가 혼재되어 논의가 이루어지기 때문이다. 전자는 현 단계 과학 기술에서의 AI 수준에 관한 것이고, 후자는 공상 과학 소설에서나 등장할 법한 AI에 제기되는 문제다. 따라서 AI 윤리는 AI의 발달 단계, 예를 들면 약 AI 단계, 강 AI 단계, 초지능 AI 단계 등으로 구분하면서 단계별 윤리 논의를 전개하는 체계성을 갖출 필요가 있다. 이러한 체계성은 AI에 대한 지나친 낙관론이나 AI 포비아와 같은 지나친 비관론을 넘어, AI 윤리에 대한 생산적이고 효과적인 논의를 제시하는 데 기여할 것이다.

AI 윤리 영역은 이러한 체계성뿐만 아니라 통합성도

갖출 필요가 있다. 통합적이라는 의미는 도덕의 구조 논의에서 자세하게 살펴보겠지만, AI 윤리가 1인칭 관점의 규범성, 2인칭 관점의 관계성, 3인칭 관점의 보편성을 모두 갖춰야 한다는 의미다. 인간의 삶에 지대한 영향을 끼친다는 점에서 AI 과학 기술은 재귀적 성격이 있어서 AI가 초래할 수 있는 윤리적 문제에 대한 대응이 윤리 언어의 도구적 사용이나 이미지 보여 주기가 아니라 1인칭 관점, 2인칭 관점, 3인칭 관점의 논의가 통합될 때만 실질적 영향력을 행사하여 '윤리 실현(ethics realizing)'을 이룰 수 있다. 더욱이 AI 윤리가 현실에서 논의될 때 특정 인칭에 강조점을 둔 층위들로 구분되어 논의가 이뤄지는데, 이런 층위들이 올바른 관계 속에서 통합적으로 제시될 때 윤리 실현이 될 수 있다. 따라서 AI 윤리는 체계적이고 통합적이어야 한다.

AI 윤리의 필요성

플로리디 등은 AI 윤리가 이중의 혜택을 갖는다고 분석한다(Floridi et al., 2018). 첫째, AI 윤리는 사회가 AI로 인해 가능해진 사회적 가치를 이용할 수 있게 한다. 이들의 분석에 따르면 AI는 사회와의 관계에서 기회(인간의 자기실현 도모, 인간 행위 주체성 고양, 사회적 역량 증가, 사회 결속 강화)와 리스크(인간 능력 경시, 인간의 책임 제거, 인간의 통제력 감소, 인간의 자기 결정 침해)를 동시에 갖고 있어서 사회가 어떻게 AI를 이용하는가가 중요한데, AI 윤리는 리스크에 대응하고 기회를 활용하게 하기 대문이다.

둘째, AI 윤리는 사회에 대가가 큰 실수를 예견하고 피하게 하거나 적어도 최소화할 수 있게 한다. 이러한 이중의 혜택은 AI에 대한 대중의 신뢰와 명확한 책임이 존재하는 윤리적 환경에서 더욱 광범위하게 작동할 수 있다. AI 사용을 포기할 수 없는 우리 시대에 AI가 초래하는 파괴적인 리스크를 피하면서 공존과 번영의 기회를 잘 포착하기 위해, 다시 말해 인류를 위해 AI를 잘 사용하기 위해 AI 윤리는 필수다.

참고문헌

목광수(2020). 빅데이터의 소유권과 분배 정의론. ≪철학·사상·문화≫ 제33호.

목광수(2021). 프라이버시의 의미와 가치, 그리고 리스크 모델: 보건의료 빅데이터를 중심으로. ≪철학연구≫ 제63집.

목광수(2023). 『루치아노 플로리디, 정보 윤리학』. 커뮤니케이션북스.

손화철(2017). 지속 가능한 발전과 제4차 산업혁명 담론. 『제4차 산업혁명과 새로운 사회윤리』 (한국포스트휴먼학회 편).

아카넷.
안세진(2024). 『AI 자율주행』. 커뮤니케이션북스.
유재국(2024). AI 혁명에 부응한 선제적 전력공급, 전력망 확충 긴요. ≪이슈와 논점≫(제2238호, 2024년 5월 21일). 국회입법조사처.
정지훈(2015). 안드로이드 하녀를 발로 차는 건 잔인한가?. 권복규 편. 『호모 사피엔스 씨의 위험한 고민: 미래 과학이 답하는 8가지 윤리적 질문』. 메디치미디어.
최서은(2023.9.28). AI는 '인간 노동력 착취'를 먹고 자란다. ≪경향신문≫, https://www.khan.co.kr/world/world-general/article/202309281243011
최승재(2024). 뉴욕타임즈, AI 학습에 자사의 저작물을 이용한 것에 대해 Open AI와 마이크로소프트를 상대로 저작권 침해 소송 제기. ≪저작권 동향≫, 2024년 제1호.
황주성(2013). 빅데이터 환경에서 프라이버시 문제의 재조명. 조현석 편. 『빅데이터 시대 위험정보사회: 쟁점과 전망』. 커뮤니케이션북스.
허유선 외(2020), 왜 윤리인가: 현대 인공지능 윤리 논의의 조망, 그 특징과 한계. ≪인간·환경·미래≫, 24.
Bostrom, N.(2014). *Superintelligence: Paths, Dangers, Strategies.* Oxford University Press.
Dodsworth, L. & Fagan, P.(2023). *Free Your Mind.* HarperCollins Publishers. 박선령 옮김(2024). 『다크 넛지』. 포레스트북스.
Floridi, L.(2013). *The Ethics of Information.* Oxford University Press.
Floridi, L., et al.(2018). AI4People – An Ethical Framework for a Good AI Society: Opportunities, Risks, Principles,

and Recommendations. *Minds and Machines,* 28.

Hao, K.(2022.4.19). Artificial intelligence is creating a new colonial world order. MIT Technology Review, https://www.technologyreview.com/2022/04/19/1049592/artificial-intelligence-colonialism/

O'Neil, C.(2016). *Weapons of math destruction.* Crown Publishing Group. 김정혜 옮김(2017). 『대량살상 수학무기』. 흐름출판.

Sweeney, L. & Yoo, J. S.(2015). *De-anonymizing South Korean Resident Registration Numbers Shared in Prescription Data,* Technology Science.https://techscience.org/a/2015092901/

Tanner, A.(2017). *Our bodies Our data: How companies make billions selling our medical records.* Beacon Press.

02
AI 윤리의 형식적 구조와 윤리 층위 구분

1인칭 관점의 규범성, 2인칭 관점의 관계성, 3인칭 관점의 보편성이 형식적 차원에서 통합된 이론 층위의 AI 윤리가 현실에서는 사회 문제 해결에 주안점을 둔 3인칭 관점의 제도 윤리 층위와 1인칭 관점의 규범성을 강조하는 개인 윤리 층위로 구분된다. AI 윤리는 이처럼 다양한 층위에서 논의가 이뤄지기에 혼란을 피하고 생산적인 논의를 전개하기 위해서는 논의되는 윤리가 어떤 층위의 논의인지를 구분하여 이해해야 한다.

AI 시대의 윤리 용어의 범람 현상

과학 기술 발전을 통해 새로운 윤리 문제가 등장하고, 이를 해결해야 할 사회적 필요뿐만 아니라 이에 대한 사회적 관심이 고조됨에 따라 '윤리' 용어 사용이 많아지고 있다. 과거에도 개인 차원과 이론 차원에서 윤리 용어 사용은 있었지만, 과학 기술에 대한 사회적 대응 과정에서 제도 층위의 윤리 용어가 등장하고 빈번하게 사용되면서 윤리 용어가 일상에서 범람하는 현상이 나타났다. AI라는 용어가 처음 사용된 것은 1950년대지만, 최근 들어 사회적인 관심이 증폭되면서 사회적 대응 요구와 함께 AI 영역에서 윤리 용어 사용이 급증하고 있다.

AI와 관련된 윤리 용어 사용은 신문과 같은 대중 매체와 일상뿐만 아니라, 학계에서도 빈번하다. 2019년 4월 23일까지 영어권에서 발표된 AI 윤리 지침에 대한 메타 연구에 따르면, AI 윤리가 처음 등장한 것은 1960년대지만 현재까지 직접적으로 AI 윤리를 언급하는 연구의 88%인 84개 지침은 2016년 이후에 발표되었다(Jobin et al., 2019). 2016년은 구글의 자회사 딥마인드가 개발한 AI 알파고가 이세돌 9단을 4대 1로 이겨 세상을 깜짝 놀라게 했던 해다. 사회적으로 AI 과학 기술의 막대한 관심을 받게 되자 이에 대한 윤리 논의가 제도 차원에서 시작되었다고 볼 수 있다.

윤리 세탁과 윤리 비난의 현실

과학 기술 대응에 윤리 용어가 사용되면 과학 기술 자체가 믿음직하다는 인상과 이미지를 준다. 그런데 이러한 윤리 용어 사용이 믿음직하다는 인상을 넘어 윤리 실현에 실질적으로 기여했는지에는 의구심이 든다. 최근 들어 과학 기술과 관련된 윤리 용어가 범람하지만, 제시되는 윤리 지침이 실질적 효과에는 관심도 없이 윤리 이미지만 만들려는 '윤리 세탁'에 불과하다는 비판이 제기되고 있다(Müller, 2020). 윤리 세탁은 윤리 실천이나 윤리 실현을 의도하지 않으면서도 윤리적 구호와 선언 등의 도구적 차원에서 윤리적이라는 이미지만을 구축하려는 방식을 의미한다.

윤리 세탁은 AI 플랫폼 기업들이 윤리 실천을 위해 노력하고 있다는 이미지를 구축해 그러한 기업들로 인해 야기되는 실제 윤리 문제에 대중이 주목하지 못하게 하거나 윤리 문제가 없다는 착각을 일으키는 효과가 있다. 또한, 설령 윤리 세탁으로 제시된 윤리 지침이 효과가 없음이 드러나더라도, 원래 윤리는 실제적인 효과가 없다는 부정적 인식을 확산하여 윤리 또는 도덕 자체가 불필요하다는 '윤리 비난(ethics bashing)' 현상이나 무기력한 윤리 대신 강력한 법으로 대응해야 한다는 '법 만능주의' 현상을 야기할 수 있다(Bietti, 2020). 이처럼 AI 윤리 세탁은 대중에게 빠르게 발전하는 AI 기업들의 윤리 문제를 보지 못하게 하거나, 윤리를 거부하고 법으로 관심을 전환하게 한다. 그런데 문제는 구체적이고 명시적으로 입증되어야만 논의되는 법의 엄격성의 관점에서 보면 법은 AI와 관련된 수많은 문제들에 침묵하게 한다는 점이다.

그렇다면, 정말로 윤리는 무기력하고 불필요한 것일까? 과학 기술, 특히 AI 논의와 관련한 사회 문제에 대응하는 과정에서 윤리가 불필요하다거나 무기력하다는 비판은 윤리 용어가 다양한 층위에서 논의된다는 것을 이해하지 못해서 생겨난 오해다. 특히, 제도 층위에서의 AI 윤리를 윤리 전부로 오해해서 생겨난 문제다. 제도 층위의 AI 윤리가 다른 층위들과 협력하지 못하여 사회 문제 대응에서 실질적 효과를 내지 못했기 때문이다. AI와 같은 과학 기술의 등장으로 인해 새로운 문제가 포착되고 윤리적 대응이 요구될 때, 윤리가 실질적 효력을 발휘하기 위해서는 윤리 용어가 다양한 층위에서 어떻게 사용되는지의 현상 분석으로부터 시작하여 대안을 모색할 필요가 있다.

AI 윤리의 자리: 법과의 관계

우리는 AI가 인간 삶의 번영과 복지를 도모할 것이라는 전망이 조금씩 현실화되는 시대를 살아가고 있다. 그러나 이러한 전망과 동시에 AI가 초래하는 프라이버시 침해, 인간성 훼손, 책임 공백 등의 윤리 문제들이 일부는 실제로 나타나고 다른 일부는 두려움으로 예견된다. AI가 가져올 혜택을 도모하면서도 초래하는 문제를 극복할 수는 없을까? 이를 위해서는 AI를 규제하고 강제하는 법률만으로는 불충분해 보인다. AI가 인간 삶의 다양한 영역과 층위에 관계할 때 혜택이 향유되는 것인데, 법률은 AI와 인간이 맺는 다양한 상호 작용 가운데 극히 일부인 외부로 표현되고 객관화되는 문제에만 관여하기 때문이다. 2024년 3월, 세계 최초로 AI 기술 규제를 위한 포괄적인 법안으로 통과된 유럽연합의 "인공지능 규제법(AI Act)"에서 볼 수 있는 것처럼, 법안은 어떤 기술이 위험성이 높은지, 어떤 데이터를 수집하면 안 되는지를 명시한다는 점에서 객관화된 문제에만 한정된다.

더욱이 미국의 법학자이자 정치 철학자인 로널드 드워킨(Ronald Dworkin)이 잘 지적한 것처럼, 법은 도덕과 윤리 차원의 충분한 논의의 결과로 제시되어야 효과가 있는데 이를 간과하고 법률로만 문제에 접근하려고 할 때는 규제와 강제로의 억압에 불과할 수 있다(Dworkin, 2010). 이런 이유로 도덕 주체인 인간의 외적 행위뿐만 아니라 내적인 삶의 양식에서까지 AI와 관련된 윤리 가치를 실현하게 하고 AI와 관련된 법률의 토대가 되는 AI 윤리가 우선적으로 요구된다. AI 윤리는 이처럼 도덕 주체인 인간과 AI와의 상호 작용이 이루어지는 전반적인 영역이 어떠해야 하는지, 그리고 어떻게 이해해야 도덕 주체의 윤리적 삶이 가능한지를 논의한다.

그렇다면 우선적으로 요구되는 AI 윤리의 구체적인 모습은 무엇일까? 이를 위해서는 먼저 형식적 차원에서부터 시작하여 내용적 차원으로 나아가는 것이 효과적일 것 같다. AI 윤리는 어떤 윤리의 형식을 갖춰야 할까?

도덕의 구조

만약 기존 도덕과 윤리가 공통의 형식적 구조로 되어 있다면, AI가 야기하는 윤리 문제에 대응하려는 AI 윤리 또한 그러한 구조를 갖춰야 할 것이다. 목광수(2019)는 기존 도덕 이론들의 형식적 구조를 면밀히 탐구하여, 실천적 목적이 있는 기존 도덕 이론들이 다양한 내용과 주장을 담고 있음에도 불구하고, 형식적인 측면에서 1인칭 관점, 2인칭 관점, 3인칭 관점의 통합적 구조를 공통으로 갖추고 있음을 보였다. 실천적 목적의 윤리 이론은 타자의 요구 또는 요청으로부터 시작한다는 점에서 2인칭 관점의 관계성을 전제하며, 2인칭 관점을 형성하는 도덕 공동체는 3인칭 관점의 보편성에 부합하는 도덕 기준을 토대로 판단되는 것일 뿐만 아니라, 이러한 과정을 통해 내려진 도덕 판단은 행위자가 도덕 의무로서 실천하게 하는 1인칭 관점의 동기 부여와 규범성을 가져야 한다는 것이다.

도덕 또는 윤리는 그것이 자신의 양심이든, 아니면 외부의 존재든 자신과 구분되는 타자와의 관계에서 시작한다. 이를 잘 보여 주는 논의는 프랑스 철학자 에마뉘엘 레비나스(Emmanuel Levinas)의 '타자의 얼굴' 개념이다(Levinas, 2009). 레비나스에 따르면, 도덕은 2인칭인 타자의 요청 또는 말 건넴으로부터 시작된다. 레비나스에 따르면, 타자의 곤궁과 궁핍은 하나의 명령으로 나에게 다가오는데, 그 다가오는 방식은 상처받을 수 있고 외부적인 힘에 대해 저항이 불가능하다는 얼굴의 윤리적 호소를 직면하는 것이다. 타자의 얼굴을 직면하는 2인칭 관계에서 우리는 우리가 타자에게 빚지고 있다는 사실,

즉 도덕을 깨닫게 된다.

미국의 윤리학자 스티븐 다월(Stephen Darwall)은 다수의 기존 도덕 논의에서 암묵적으로 2인칭 관점의 중요성을 이미 강조해 왔음을 설득력 있게 제시하면서, 이러한 2인칭 관점의 중요성을 명시적으로 부각한다. 다월에 따르면, 도덕의 2인칭 관점은 나와 상대방이 서로의 행위와 의지에 대해 어떤 요구를 하고 서로 이를 인정할 때 취하는 관점으로, 상대방에 대한 답변 또는 회신 요구가 가능할 뿐 아니라, 상대방이 자신의 독립적 관점을 가지면서도 이러한 2인칭 관점을 공유한다고 전제한다 (Darwall, 2006). 다월의 2인칭 도덕 논의에서 2인칭 관점으로 행위자를 대우한다는 것은, 행위자에게 나와 동등한 수준으로 존중받아야 하는 권위가 있음을 우리가 알고 있다는 의미다. 다월의 논의에서 2인칭 권위가 있다 것은 도덕적 지위가 있다는 의미이며, 특히 요청을 받는 존재자에게 권위가 있다 의미는 도덕적 지위가 객체로서뿐만 아니라 주체의 지위도 있어야 한다는 점에서 1인칭 규범성이 있을 수 있는 존재라는 사실 또한 보여 준다.

도덕적 존재인 타자가 제기한 도덕의 2인칭 요구에 우리는 모두 반응하는 것이 아니라, 이러한 요구가 정당한 요구인지를 검토한 이후에 반응한다. 이러한 타자의 요청을 보편적, 객관적 기준을 통해 검토하는 논의가 도덕의 3인칭 관점 논의다. 왜냐하면, 도덕 판단에서 보편적 기준은 필수적이기 때문이다. 실천적 목적의 윤리 가운데 토대가 되는 규범 윤리학(normative ethics)의 대표적인 세 가지 이론인, 의무론(deontology), 공리주의(utilitarianism), 덕 윤리(virtue ethics)는 서로 다르지만 모두 도덕 기준을 제시하고 있다. 독일의 근대 철학자 이마누엘 칸트(Immanuel Kant)는 보편화 가능성과 인간의 존엄성이라는 정언명령의 형식을 따라 보편적 도덕법칙을 드출하고, 공리주의는 공리의 원리를 통해 어떤 행위가 옳은지를 보편적 관점에서 검토하며, 덕 윤리는 인간의 본질적 기능의 탁월성(virtue), 즉 덕성을 공동체의 구성원들이 추구해야 할 보편적 목표로 제시한다. 규범 윤리학의 전통적인 논의들뿐만 아니라, 형이상학적 토대에서 벗어나 계약이나 합의 등을 통해 도덕규범을 제시하려는 논의들도 3인칭 관점의 도덕을 제시한다. 예를 들어, 미국의 윤리학자인 토머스 스캔런(Thomas Scanlon)은 합당하게 거부하지 않는다는 도덕규범의 계약주의 구조를 통해 보편적 도덕의 정당성을 확립하고자 한다(Scanlon, 2000).

이런 규범 윤리의 3인칭 도덕 논의는 1인칭 관점과 무관하지 않은데, 규범 윤리의 객관성과 보편성 검토가 그것의 행위자인 1인칭 관점과 관련되기 때문이다. 미국의 철학자 크리스틴 코스가드(Christine Korsgaard)가 잘 보여 주는 것처럼, 칸트의 보편화 가능성 논의 검토 과정은 내면화하는 1인칭 관점의 규범성 논의와 긴밀한 내적 관계 속에서 이루어지고 있다. 덕 윤리의 덕성 논의도 개인의 탁월성과 관련된다는 점에서, 그리고 그러한 탁월성이 인지와 실천 사이의 간극에서 발생하는 동기 약화 등의 현상을 의지박약 개념으로 설명한다는 점에서 덕 윤리가 3인칭 관점으로부터 시작하여 1인칭 관점 논의로 나아가고 있음을 알 수 있다.

근대 도덕 철학자인 애덤 스미스(Adam Smith)나 데이비드 흄(David Hume)의 논의에서 잘 나타나는 것처럼, 공리주의의 쾌락과 고통 논의가 토대를 두고 있는 도덕감(moral sentiments) 이론은 인간에게 쾌락과 고통에 대한 도덕감이 내재해 있고 이러한 도덕감이 동기 부여의 원류라고 보고 있다. 도덕감 이론이나 공리주의가 자신의 감정을 타인에게까지 확장하는 공감(sympathy) 논의는 1인칭 관점인 개인의 감정을 감정이입이나 상상적 투사 등을 통해 2인칭 관점을 넘어 3인칭 관점인 이상적인 공평한 관망자(impartial spectator)로 확장하는 것을 의미한다. 이러한 분석에서 볼 수 있는 것처럼, 3인칭 관점을 통해 보편적이고 정당화된 도덕규범을 제시하려는 논의들은, 이미 1인칭 관점 논의를 토대로 전제하고 있다.

타자로부터 제기된 2인칭 관점의 요청이 3인칭 관점의 도덕 원칙에 따라 검토되어 적절한 원칙으로 확립되었다고 하더라도, 이것이 윤리 실천으로 나타나기 위해서는 3인칭 관점의 도덕 내용을 마땅히 내가 해야 할 당위로 스스로에게 부여하는 것, 즉 규범성(normativity)이 확립되어야 한다. 규범성에 관한 물음은, 도덕성의 명령을 행위하도록 요구받는 행위자에게 제기되는 물음, 즉 1인칭의 관점에서 왜 그 도덕적 행위를 내가 해야만 하느냐는 물음이다(Korsgaard, 1996).

이처럼 도덕 또는 윤리는 강조점에 약간의 차이가 있을 수 있겠지만, 형식적인 차원에서 1인칭 관점, 2인칭 관점, 3인칭 관점의 통합적 구조를 공통으로 갖추고 있다. 그렇다면, AI 윤리 또한 이런 통합적 구조를 형식적 차원에서 갖춰야 한다. 이런 구조를 갖춰야만 자신을 둘러싼 존재자들과의 관계에서 구성된 보편적인 규범을 자신의 의무로 삼아 '윤리 실현'을 도모할 수 있다. 여기에서 '윤리 실현'의 의미는, 실제로 실천해야 한다는 경험적 의미라기보다는 실천을 할 수 있게 하는 규범성의 동기유발(motivation) 구조를 갖췄냐는 규범적 의미다 (Korsgaard, 1996). 왜냐하면, 규범적 의미가 없이 경험적 의미의 윤리 실천을 지속적이고 안정적으로 도모하는 것이 불가능하기 때문이다.

AI 윤리 용어의 사용에 따른 윤리 층위 구분

AI 윤리가 통합성을 갖춰야 한다는 의미는, AI 윤리가 기존 도덕의 형식적 특징인 1인칭 관점, 2인칭 관점, 3인칭 관점 논의가 모두 포함된 통합적 구조를 갖춰야 한다는 의미다. 그런데 이러한 이론 차원의 윤리가 현실에서는 특정 인칭이 강조되는 경향이 있어서, 강조되는 인칭 관점을 중심으로 층위를 구분해 이해해야 한다. 그렇지 않으면 서로 다른 층위의 논의임에도 동일한 윤리 용어를 사용하다가 혼란을 초래할 우려가 있기 때문이다.

AI 과학 기술과 관련하여 도덕과 윤리가 사회에서 통용되고 논의되는 방식에서 볼 때 적어도 윤리 용어 사용은 세 층위로 구분된다. 즉, 실천적인 제도 차원에서 사회 문제 해결을 위해 제시되는 지침으로서의 제도 윤리 층위, 이론적 차원에서 통합성을 갖춘 이론 윤리 층위,

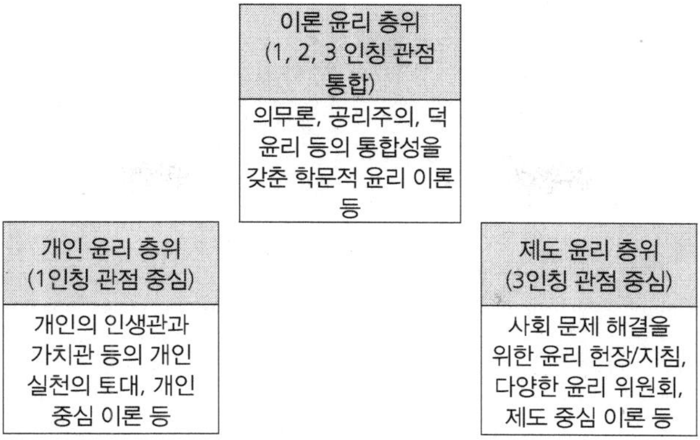

그림 2-1. 윤리의 세 층위 구분

그리고 개인이 자신의 윤리적 삶을 영위하기 위한 판단 기준으로서의 개인 윤리 층위로 윤리 논의가 구분된다. 이러한 구분을 정리하면 위 그림 2-1과 같다.

세 층위의 윤리들을 서로 독립적이어서, 일상 논의에서 동일한 용어인 '윤리'를 사용하더라도 해당 층위에 맞게 이해하지 않으면 혼란만 초래할 수 있다. 예를 들어, 사회적 관심이 지대하여 해결할 사회적 공감대가 형성된 제도 윤리 층위의 문제를 다룸에 있어서 AI 윤리의 필요성을 역설할 때, 이를 이론 윤리 층위로 이해하여 그러한 AI 윤리가 이론적 정당성과 통합성을 갖췄는지를 문제 삼는 것은 생산적이지 못하고 혼란만 초래한다. 제도 윤리 층위는 비록 이론적 완결성이나 정당성을 확보하지 못했다고 하더라도 현실적 필요에 의해서 일시적, 잠정적으로 특정 입장을 제시할 수 있기 때문이다. 따라서 현실에서 윤리 실현을 도모하기 위해서는 논의되는 윤리 용어가 어떤 층위의 것인지를 이해하고, 해당 층위에 맞게 이해해야 오해 없이 생산적인 논의를 이어 갈 수 있다.

비록 세 층위의 윤리들이 서로 독립적이기는 하지만 각 층위들은 서로 긴밀한 연관 관계가 있다. 따라서 윤리 실현을 도모하기 위해서는 세 층위가 올바른 관계 속에서 함께 통합적으로 작동해야 한다. 이와 관련해서는 추후 자세히 논의할 것이다.

참고문헌

목광수(2019). 도덕의 구조. ≪철학사상≫, 제73호.

목광수(2020). 과학 기술 시대의 윤리 용어 사용의 층위 구분. ≪범한철학≫, 제98호.

Bietti, E.(2000). "From Ethics Washing to Ethics Bashing: A View on Tech Ethics from Within Moral Philosophy." *Proceedings to ACM FAT* Conference.*

Darwall, S.(2006). *The Second-Person Standpoint: Morality, Respect, and Accountability.* Harvard University Press.

Dworkin, R.(2005). *Taking rights seriously.* Motilal Books UK. 염수균 옮김(2010). 『법과 권리』. 한길사.

Jobin, A., et al.(2019). The Global Landscape of AI Ethics Guidelines. *Nature Machine Intelligence,* 1.

Korsgaard, C. M.(1996). *The Sources of Normativity.* Cambridge University Press. 강현정·김양현 옮김(2011). 『규범성의 원천』. 철학과현실사.

Levinas, E.(2009). *Totalite et Infini:Essai sur l'Exteriorite.* Livre Poche. 김도형 외 옮김(2018). 『정체성과 무한: 외재성에 대한 에세이』. 그린비.

Müller, V.(2020). Ethics of Artificial Intelligence and Robotics. *The Stanford Encyclopedia of Philosophy* (Fall 2020 Edition), Edward N. Zalta (ed.), https //plato.stanford.edu/entries/ethics-ai/

Scanlon, T. M.(2000). *What We Owe to Each Other.* Harvard University Press. 강명신 옮김(2008). 『우리가 서로에게 지는 의무』. 한울.

Technology Science.

03
제도 층위의 AI 윤리

제도 층위의 AI 윤리는 AI 윤리 헌장, AI 윤리 규정, AI 윤리 지침 등의 이름으로 제시되는데, 사회적 차원에서 해결이 시급한 주제들에 대한 사회적 대응 방식에 해당한다. 제도 층위의 AI 윤리는 다른 층위와의 협업 관계를 통해 제시될 때 윤리 실현을 도모할 수 있다. 만약 그렇지 않으면 사회적으로 윤리를 추구하려는 이미지만 부각하고 실제로는 '윤리 실현'과 거리가 먼 '윤리 세탁'으로 전락할 우려가 있다.

사회 문제 해결을 위한 제도 층위

제도 윤리 층위는 어떤 윤리 문제에 사회적 차원에서 대응하는 층위다. 새로운 과학 기술의 등장이나 발전, 그리고 이에 대한 인간의 윤리적 민감성으로 인해 어떤 윤리 문제가 사회 제도 차원에서 논의될 때 사용되는 윤리를 '제도 층위에서의 윤리'라고 한다.

제도 층위 윤리는 AI 과학 기술과 관련된 윤리 용어가 사용되는 층위 구분의 필요성을 부각해 줄 뿐만 아니라, 층위의 독립성과 관계에 대해 자각하게 한다. 왜냐하면, 새로운 과학 기술의 등장이나 발전이 있을 때마다 가장 많은 윤리 용어가 사용되는 층위가 제도 층위여서 윤리 용어의 범람과 혼란이 야기되지만, 사회적 지침이나 위원회, 그리고 거버넌스와 같은 제도 논의는 다른 층위와의 구분을 명료하게 해 주기 때문이다. 또한, 제도 층위 윤리만으로 윤리 실현을 도모하지 못한다는 사실은, 제도 층위가 다른 층위와의 올바른 관계를 형성하여 세 층위가 통합적으로 제시되어야 함을 깨닫게 해 준다.

제도 윤리 층위에서 논의되는 대표적인 사례는, 미국의사협회가 1847년 설립되면서 제정해 발표한 윤리 지침, 2차 세계 대전 이후 인간 대상 연구가 사회적 문제가 되어 나타난 뉘른베르크 강령(Nuremberg Code, 1947),

세계의사협회가 총회에서 발표한 헬싱키 선언(Declaration of Helsinki, 1964), 미국 국가연구법에 근거해 구성된 생명 의학 및 행동 연구에서의 대상자 보호를 위한 국가위원회가 작성한 벨몬트 보고서(Belmont Report, 1979) 등의 선언이나 강령이다. 또한, 기관생명윤리위원회(Institutional Review Board), 동물실험윤리위원회(Institutional animal care and use Committee), 병원윤리위원회 등의 위원회 구성 등도 제도 윤리 층위의 논의다. 이러한 층위의 목적은 제기되는 윤리 문제를 사회적으로 해결하려는 것이다.

AI와 관련된 제도 층위의 윤리 논의는 다양한 기관과 기업에서 발표하는 AI 윤리 지침과 AI 윤리 위원회 등의 사례에서 볼 수 있다. 2016년부터 2019년 4월까지 발표된 AI 윤리 지침 가운데 영어권에서 제시된 지침이 84개에 이른다는 연구는 AI 과학 기술에 대한 제도 층위의 윤리 용어 사용이 주도적임을 알 수 있다(Jobin et al., 2019). 이후에도 제도 윤리 층위의 논의는 AI 윤리 영역에서 계속되고 있다. 예를 들어, 2020년 2월 말 개최된 가톨릭교회의 교황청 생명학술원은 '좋은 알고리즘? 인공지능의 윤리'라는 주제로 학술 대회를 개최했고, 교황청은 '로마가 인공지능 윤리를 요청함(Rome Call for AI

Ethics)'이라는 4쪽의 짧은 권고문을 교황이 직접 제안하는 방식으로 발표하였다. 미국 정부는 2022년 'AI 권리장전'을 발표하였고, 2023년에는 '안전하고 신뢰할 수 있는 AI에 관한 행정 명령'을 공표했다.

한국 사회를 중심으로 살펴보면, 카카오는 2018년 '알고리즘 윤리 헌장'을 발표하여 국내 기업 최초로 알고리즘 윤리 규범을 마련했으며, 삼성전자는 2019년 '삼성 AI 윤리 원칙,' 네이버는 2022년 '네이버 AI 윤리 원칙,' LG전자는 2022년 'AI 윤리 원칙' 등을 기업 차원에서 마련하였다. 정부 차원에서는 과학기술정보통신부가 2020년 말에 전문가 그룹의 의견 수렴과 공청회를 통해 '사람이 중심이 되는 인공지능 윤리 기준'을 마련하여 발표했으며 2023년에는 '디지털 권리 장전' 등을 발표했다. 2017년 대통령 직속 기구로 설치된 '4차산업혁명위원회' 등도 있다. 이처럼 기업이나 정부 차원에서 발표되고 구성되는 원칙, 기준 등의 지침이나 위원회 등이 제도 윤리 층위의 논의들이다.

제도 층위 윤리는 실천 모색? 또는 잠정 타협?

제도 층위 윤리는 기존 이론 윤리뿐만 아니라 다양한 사회적 견해들, 상식적 논의들과의 협력을 통해 윤리 문제를 해결하려고 한다. 병원윤리위원회 등의 공적인 차원에서 구성되는 'OO 윤리 위원회'의 구성을 보면 윤리학자뿐만 아니라, 종교인, 변호사, 전문가, 일반인 등의 다양한 사람들이 포함되는 것에서 이러한 방법론적 특성이 잘 나타난다. 또한, 제도 층위에서 제시되는 윤리 지침은 이론 윤리 층위의 3인칭 관점에서 볼 수 있는 것처럼 원칙과 지침의 보편성과 객관성을 확보할 뿐만 아니라, 현실적인 고려 사항들과의 조율을 통한 실천을 중시하는 논의다.

예를 들어, 자율 주행 자동차 관련 AI 윤리 지침이 학문적으로 논란이 많은 트롤리 문제 해결책을 제시하기보다는, 상식적인 수준의 내용들만 담고 있는 것이 이러한 제도 층위의 윤리 성격을 잘 보여 준다. 2018년 독일이 전 세계에서 최초로 자율 주행 자동차와 관련된 윤리 지침을 발표하였고, 한국은 2019년 12월 초안을 발표한 후 각계의 의견을 수렴하여 2020년 12월 최종안을 발표하였다(국토교통부, 2020). 국토교통부가 발표한 '자율 주행 자동차 윤리 가이드라인'은 자율 주행 차량의 설계 · 제작 · 관리 등의 과정에서 고려해야 할 기본 가치로 인간의 존엄성, 인간의 행복, 피해 최소화, 지속 가능한 발전 등을 제시하고, 행위 원칙으로 투명성, 제어 가능성, 책임, 안전성, 보안성을 제시하였다. 이 가이드라인은 이러한 공통 원칙들 아래 트롤리 문제가 발생하지 않도록 예방 조치를 취하는 것이 중요하다는 상식적 내용을 언급한다.

제도 층위에서의 윤리 용어 사용은, AI 과학 기술과 관련된 윤리 문제에 대해 사회적 대응을 실질적으로 모색한다는 점에서 긍정적이다. 그러나 이러한 대응이 다양한 관련자들의 이해 관심을 적절한 수준에서 잠정 타협(modus vivendi)하는 것일 수도 있으며, 윤리 대안을 마련하고 있다는 이미지 구축 작업에 불과하다는 우려 또한 존재한다. 최근에 AI 산업 영역에서 주도적으로 AI 윤리 지침을 발표하는 이유가 자신들이 AI와 관련된 문제들에 대해 내부적 자기 통제(self-governance)를 충분히 하고 있어 법제화 등의 외부적 통제가 불필요하다고 합리화하여 대중들의 비판적 목소리에서 벗어날 의도에서 비롯된 '윤리 세탁'에 불과하다는 비판이 제도 층위의 윤리가 오용되거나 남용될 여지가 있다는 이러한 우려를 잘 보여 준다(Bietti, 2020; Hagendorff, 2020; Calo, 2017; Schukenk, 2020; Müller, 2020). 더욱이 제도 윤리 층위는 1인칭 관점을 결여한 3인칭 관점에서의 논의여서 AI 개발자들에게 윤리적 효과가 없다는 연구는 제도 윤리 층위가 갖는 한계를 보여 준다(Hagendorff, 2020).

제도 층위와 다른 층위와의 관계

제도 윤리 층위는 해당 사회 문제를 해결하려는 목적, 즉 인간 번영과 존엄성 보장이라는 일반적인 윤리 가치를 증진하기 위한 사회 제도 마련에 주목한다. 따라서 이 층위는 다양한 사회 상식과 숙고된 판단들이 윤리 이론과 조정되고 수정되는 과정을 거칠 필요가 있다. 이 층위에서 윤리가 제시되는 이상적인 방식은 이론 윤리 층위의 넓은 반성적 평형(wide reflective equilibrium)이 사회적 차원의 논의로 해석한 방식에서 잘 나타난다(Mok, 2013).

넓은 반성적 평형은 다원주의 시대에 형이상학적 토대 없이 숙고된 도덕 판단(considered moral judgments) 사이의 조정과 수정을 추구하여 도덕 원칙을 도출하고 정당화하려는 방법론이다. 미국의 윤리학자 존 롤스(John Rawls)가 『정의론(A Theory of Justice)』(1971)에서 자신의 정의론을 정당화하기 위해 반성적 평형을 고안하였고, 그의 제자인 노먼 대니얼스(Norman Daniels)가 이를 정교화하였다. 반성적 평형은 사회의 기초 지식과 이론에 해당하는 배경 이론(background theories)을 수용하는 넓은 반성적 평형과 수용하지 않는 좁은 반성적 평형으로 구분되며, 롤스나 대니얼스 모두 넓은 반성적 평형이 다원주의 사회에 더 적합한 이론이라는 데 동의한다.

넓은 반성적 평형은 개인이 갖는 세 가지 믿음, 즉 숙고된 도덕 판단, 도덕 원리, 배경 이론의 3자 구도에서 정합적인 도덕 원리를 도출하고 정당화하는 방법론이다. 도덕 판단과 도덕 원리 양자 사이에서의 정합성을 추구하는 좁은 반성적 평형은 단순한 일반화와 관습주의라는 비판에 취약하지만, 넓은 반성적 평형은 도덕 판단과 도덕 원리 외에도 배경 이론을 포함함으로 이러한 비판을 피할 수 있다(Daniels, 1996). 과학 법칙이 실험과 관찰을 통해 얻은 자료로부터 귀납적으로 도출되지만 관련된 다양한 이론으로부터 지지를 받는다는 점에서 단순한 일반화라고 비난을 받지 않는 것처럼, 넓은 반성적 평형도 사회과학이론 등의 배경 이론 때문에 숙고된 도덕 판단과 도덕 원리 사이의 단순한 일반화를 벗어날 수 있다. 더욱이 이러한 숙고된 판단들은 새로운 숙고된 판단이나 배경 이론의 도입을 통해 광범위한 수정과 조정이 이루어진다는 유연성 또한 있다.

이러한 넓은 반성적 평형의 정합성과 유연성은 다양

한 사회적 이해 관심을 반영하고 조정하여 이루어지는 제도 윤리 층위의 이상을 잘 보여 준다. 한 개인의 세 가지 믿음 사이의 조정을 토대로 하는 넓은 반성적 평형이 다양한 입장을 취하는 사람들의 사회적 차원에서의 공적 토론으로 해석될 수 있기 때문이다(Mok, 2013). 넓은 반성적 평형에 대한 사회적 해석은 다양한 이해당사자들이 참여하여 단순한 정치적 타협이나 거래를 통한 문제 해결이 아닌 정합성 추구를 통한 정당화 방식에 해당한다.

제도 층위의 윤리는 이론 윤리 층위가 좀 더 현실적인 문제 해결을 할 수 있는 더욱 정교하고 실현 가능한 윤리 이론이 되도록 촉구하는 역할을 한다. 제도 윤리 층위는 또한 개인 윤리 층위가 반사회적인 입장을 정당화하는 논의가 되지 않도록 경계를 설정하는 역할을 한다. 이것은 롤스 식으로 말하면, 제도 윤리 층위가 합당한 다원주의(reasonable pluralism)의 합당한 불일치 범위를 설정한 것에 해당한다. 롤스는 다원주의에서 개인들의 가치관과 신념 등의 다양한 포괄적 교설들이 존재할 수 있다고 인정하지만, 이러한 교설들이 서로 이해 가능하고 판단의 부담을 지며 상호 조정하고 협력할 수 있어야 한다는 한계를 설정한다. 그렇지 않으면 파괴적인 포괄적 교설들로 인해 사회의 공존이 훼손될 수 있기 때문이다.

제도 윤리 층위에 해당하는 AI 윤리 지침들이 제시하는 원칙들은 개인 층위에서의 윤리가 추구할 포괄적 교설들이 넘지 말아야 할 경계의 역할을 할 수 있다. 예를 들어, 플로리디 등은 대표적인 6개의 AI 윤리 선언들['아실로마 AI 원칙'(2017), '책임 있는 AI를 위한 몬트리올 선언'(2017), IEEE의 '윤리적으로 조정된 설계'(2017), 유럽 위원회의 '인공지능, 로봇, 자동화 체계에 대한 선언'(2018), '영국에서의 AI'(2018), 'AI 동반자 강령'(2018)]의 47개 원칙을 분석하여 5개의 원칙인 선행(beneficence), 악행 금지(nonmaleficence), 자율성 존중, 정의, 설명 가능성(explicability)의 5개 원칙으로 정돈하였다. 이러한 5개 원칙에 반대하거나 상충하는 포괄적 교설의 개인 윤리는 반사회적인 것에 해당하여 허용되지 않을 것이다(Floridi et al., 2018). 또한, 이러한 제도 층위의 윤리는 AI 개발자 등이 자신의 실천 윤리로 내면화하는 윤리 가치들의 토대와 범위를 설정해 준다.

제도 윤리 층위의 AI 지침 내용

제도 윤리 층위에 해당하는 AI 윤리 지침들은 기업이나 정부 등에서 다양하게 제시되지만, 그 내용들은 어느 정도 유사한 측면이 있다. 앞에서 언급했던 것처럼, 대표적인 6개의 AI 윤리 선언들의 47개 원칙은 5개의 원칙인 선행, 악행 금지, 자율성 존중, 정의, 설명 가능성으로 정돈된다. 앞의 4개 원칙은 생명 의료 윤리의 원칙주의에서 제시되는 내용들로 실천을 목적으로 하는 윤리 논의에서 강조되는 내용들이고, 설명 가능성 원칙은 AI의 특징과 관련된 원칙이다.

설명 가능성은 AI의 의사 결정 과정에 대한 이해 가능성(intelligibility)과 해명 책임(accountability), 투명성(transparency) 등과 관련된다. AI의 독특한 성격으로 요구되는 설명 가능성이 다른 4개의 원칙을 보완한다. 왜냐하면, AI가 선행을 하거나 해악을 하지 않기 위해서는 AI의 행위가 좋음인지 나쁨인지를 우리가 이해할 수 있어야 하며, AI가 인간의 자율성을 증진하는지는 AI가 우리를 대신하여 어떻게 행위를 할 것인지에 대한 지식이 우리에게 알려져야 하고, AI가 정의로운지는 AI가 해명 책임을 질 수 있어야 가능한 논의이기 때문이다. 이에 따라 AI 분야에서는 '설명 가능한 AI(explainable AI, XAI)'에 대한 연구가 활발히 진행되고 있다.

AI 윤리를 분석한 메타 논의들 가운데 허유선 등의 연구는 한국 자료인 '카카오 알고리즘 윤리 헌장'(2018), '4

차 산업 혁명 시대 인공지능 윤리의 이슈 분석 및 정책적 대응 방안 연구'(2018), '대한민국 2019 AI 국가 전략'(2019), '신뢰 가능 AI 구현을 위한 정책 방향-OECD AI 권고안을 중심으로'(2019)를 포함해 28개의 문서를 분석하였다(허유선 외, 2020). 이 분석에 따르면, 대부분의 문헌에서 다루고 있는 핵심 가치는 인간성(humanity), 프라이버시, 해명 책임, 공정성, 투명성, 안전이었는데, 이러한 가치들은 다른 메타 연구에서도 유사하게 발견된다. 직접적으로 AI 윤리를 언급한 영어권 전체 연구의 88%에 해당하는 2016년부터 2019년 4월까지의 AI 윤리 지침 84개는 다양한 원칙들을 다루고 있는데, 이러한 원칙들은 투명성(73개), 정의/공평성/형평성(68개), 책임/해명 책임(60개), 해악 금지(60개), 프라이버시(47개), 선행(41개), 자유/자율성(34개), 신뢰(28개), 지속 가능성(14개), 존엄성(13개), 연대(6개)의 11개 원칙으로 수렴한다(Jobin et al., 2019).

AI 윤리 지침에 대한 메타 분석 내용들은 다음과 같은 다섯 가지 범주로 재분류할 수 있다. 첫 번째 범주는 자율성 존중 범주로서 자유, 존엄성, 인간성 등을 포괄한다. AI 과학 기술이 추구하는 인간의 발전과 번영, 자율성과 자유 보장 등을 강조하는 특징이 있다. 두 번째 범주는 선행으로 포괄성, 신뢰성, 지속 가능성, 연대 등을 포괄한다. AI를 통해 인간 사회에 기여하는 측면을 강조하는 특징이 있다. 세 번째 범주는 악행 금지 범주로 해악 금지, 프라이버시 침해 방지 등을 포괄한다. AI가 야기할 수 있는 개인 차원의 해악들이 방지되어야 한다는 특징을 갖는다. 네 번째 범주는 정의로서 공평성, 형평성, 차별과 편견 방지 등을 포괄한다. AI가 초래할 사회적 차원의 해악을 막고 사회적 혜택을 증진하려는 특징이 있다. 다섯 번째 범주는 설명 가능성 범주로 투명성, 해명 책임, 책임 등을 포괄한다. 인공 신경망의 은닉층(hidden layer)으로 인해 어떻게 추론이 진행되었는지 알 수 없다는 의미에서 '블랙박스'라고 불리는 AI 기술 자체가 갖는 특성을 설명하기 위해 알고리즘을 공개하여 책임 소재를 밝혀야 한다는 특징이 있다.

참고문헌

국토교통부(2020). 『자율주행자동차 윤리가이드라인』. https //www.molit.go.kr/USR/policyData/m_34681/dtl.jsp?id=4508.

허유선 외(2020), 왜 윤리인가: 현대 인공지능 윤리 논의의 조망, 그 특징과 한계. ≪인간·환경·미래≫, 24.

Bietti, E.(2000). From Ethics Washing to Ethics Bashing: A

View on Tech Ethics from Within Moral Philosophy. *Proceedings to ACM FAT* Conference.*

Calo, R.(2017). Artificial intelligence policy: a primer and roadmap, *SSRN Journal.*

Daniels, N.(1996). *Justice and Justification: Reflective Equilibrium in Theory and Practice.* Cambridge University Press.

Floridi, L. et al.(2018). AI4People – An Ethical Framework for a Good AI Society: Opportunities, Risks, Principles, and Recommendations. *Minds and Machines,* 28.

Hagendorff, T.(2020). The Ethics of AI Ethics: An Evaluation of Guidelines. *Minds and Machines,* 30.

Jobin, A., et al.(2019). The Global Landscape of AI Ethics Guidelines. *Nature Machine Intelligence,* 1.

Mok, K.(2013). John Rawls's Public Reason and Health Care Justice. *Biomedical Law& Ethics,* 7(1).

Müller, V.(2020). Ethics of Artificial Intelligence and Robotics. *The Stanford Encyclopedia of Philosophy* (Fall 2020 Edition), Edward N. Zalta (ed.), https://plato.stanford.edu/entries/ethics-ai/

Schukenk, U.(2020). On the ethics of AI ethics. *Bioethics,* 34.

04
이론 층위의 AI 윤리

이론 층위의 윤리는 학문적 차원의 윤리 논의로서 다양한 윤리 논의들이 내용상으로는 다양하고 구분될 수 있지만, 형식적 차원에서는 공통의 구조로 되어 있다. 윤리 이론들은 1인칭 규범성, 2인칭 관계성, 3인칭 보편성을 공통의 형식적 구조로서 갖추고 있다. 이런 형식적 공통성으로 인해 이론 윤리 층위는 다른 층위들에 이론적 토대를 제공하여 각 층위들이 체계적으로 작동하도록 돕는다.

이론 윤리 층위의 성격

전통적으로 윤리학은 철학의 분과 중 하나로서 인간의 삶과 관련된 가치, 규범, 의미 등을 다룬다. 학문적 차원의 윤리 이론은 크게 삶의 변화 자체를 목표로 하는 윤리 이론과 인간 삶과 관련된 용어의 의미나 개념 분석을 목표로 하는 윤리 이론으로 구분된다. 전자는 기존의 윤리학 구분법에서 볼 때 규범 윤리학과 실천(응용) 윤리학 전부와 메타 윤리학 일부를 포함한다. 후자는 메타 윤리학 가운데 언어 분석에 초점을 둔 논의 전체와 일치한다.

이론 층위의 윤리는 윤리학이나 도덕 철학의 영역에서 다뤄지는 윤리 이론 가운데, 삶의 변화를 목표로 하는 윤리 이론을 의미한다. 이론 층위의 윤리는 학문적 통합성을 갖춘 윤리 이론이라는 점에서 다른 층위의 이론이나 용법에 나타나는 용어 사용과 구분된다. 윤리 이론이 이론 윤리 층위에서 학문적 통합성을 갖췄다고 할 때, 이것은 삶의 변화를 목적으로 하는 윤리 이론들이 다양한 내용과 주장을 담고 있음에도 형식적인 측면에서 1인칭, 2인칭, 3인칭 관점의 통합적 구조를 공통으로 갖추고 있음을 의미한다(목광수, 2019). 이론 층위의 윤리는 철학적 분석과 논증을 통해 이론적 정당성을 확보하는 방식으로 윤리 이론을 제시한다.

이론 층위의 윤리는 삶의 변화를 목적으로 하는 윤리가 갖는 다양한 관점을 잘 포착하면서 윤리가 갖춰야 할 3인칭 보편성, 2인칭 관계성, 1인칭 규범성에 대한 논리적 설명력을 갖춘다는 강점이 있다. 그런데 이론 층위의 윤리는 이러한 정당성과 보편성 논리에 초점을 두다 보니 추상적이어서 구체적인 현실 사안에 둔감할 수 있다.

예를 들어 칸트의 윤리 이론에 토대를 둔 도덕적 지위(moral status) 논의는 새로운 존재자인 AI와 관련된 문제에 대해 무기력해 보인다(목광수, 2016). 2015년 보스턴 다이내믹스의 개발자가 자신이 개발한 AI 로봇 개 스팟이 얼마나 균형 감각이 좋은지를 홍보하기 위해 스팟을 발로 차는 동영상을 공개했을 때 사람들이 보인 도덕적 분노와 비난에 대해 인간만을 도덕 공동체 성원으로 인정하는 칸트의 윤리 이론은 인간이 아니어서 도덕 주체로 볼 수 없는 존재인 스팟과 관련된 분노라는 점에서 잘못된 도덕 감정 표현이라고 분석할 것인데, 이러한 분석은 일반인의 도덕 직관과 상충한다.

AI 과학 기술과 관련된 윤리 논의에서 이론 층위의 윤리만이 윤리의 전부인 것처럼 오해한다면, 과학 기술 시대에 제기되는 이와 같은 윤리 문제들에 대해 윤리는 구체적이지 않고 실천력 없이 현실과 무관한 학자들의 놀

이에 불과하다고 비판할 것이다. 그러나 이론 윤리 층위는 여러 층위 중의 하나이기에 이런 비판은 부적절하다.

이론 윤리 층위와 다른 층위와의 관계

이론 층위의 윤리는 앞에서 검토한 것처럼, 보편성을 추구하는 추상적 성격으로 인해 그 자체로는 구체적인 현실 문제 해결에 무기력하다는 약점이 있다. 그러나 이 층위는 1인칭, 2인칭, 3인칭 관점이 모두 통합된 윤리 이론 층위여서 삶의 변화를 목적으로 하는 윤리가 현실에서 작동할 수 있게 하는 이론적 토대를 마련한다는 장점이 있다.

이론 윤리 층위가 제공하는 이론에 기반을 두지 않으면 자신의 신념이나 가치관에 의존하는 개인 윤리 층위가 반사회적 행위조차 윤리라는 이름으로 합리화할 수 있는 윤리 상대주의와 허무주의를 초래할 수 있다. 또한, 이론적 토대가 없으면 제도 윤리 층위는 잠정 타협에 불과하거나 윤리 세탁이라는 비난을 초래할 수 있다. 넓은 반성적 평형을 통해 합의된 제도 윤리 내용이 잠정 타협이 아닌 정당화된 합의 내용이 되기 위해서는 이론적 토대 아래 정당화되어야 한다. 마찬가지로 제도 윤리 층위도 이를 위해 형식적인 차원에서 제시되지 않고 정당화될 수 있는 이론적 토대 아래 정립되어야 한다. 이러한 이론적 토대 제공은 개인 층위와 제도 층위에서의 윤리 용어 사용 과정에서 끊임없이 그 단어에 들어 있는 윤리 가치를 고민하고 숙고하게 하여 윤리 오용과 남용으로 전락하지 않게 하는 역할을 한다.

이론 윤리 층위의 역할: 트롤리 문제 사례

이론 윤리 층위는 다른 층위들에 이론적 토대와 숙고의 계기를 다련한다. 예를 들어, 이론 윤리 층위에서 트롤리 문제를 고민하고 숙고하는 것은 다른 층위에 깊은 성찰을 제공한다. AI에 기반을 둔 자율 주행 자동차에 제기되는 윤리 문제 중에는 트롤리 문제가 있는데, 이에 대한 탐구는 제도 층위와 개인 층위에서의 윤리 논의에서 고민과 숙고의 계기를 마련해 줄 수 있다.

트롤리 문제는 1967년 영국의 철학자 필리파 풋(Philipa Foot)이 자신의 논문 "낙태 문제와 이중 결과의 원리(The Problem of Abortion and the Doctrine of the Double Effect)"에서 처음 제기하고, 이에 대해 미국의 철학자인 주디스 톰슨(Judith Thompson)과 프랜시스 캠(F. M. Kamm)이 가세하면서 하나의 학문 분야인 트롤리학(Trolleyology)이 형성될 정도로 발전하였다

(Appiah, 2009). 트롤리학이라고 명명된 것은, 이 문제가 규범 윤리학뿐만 아니라, 인지 과학(진화 심리학, 인지 심리학, 신경 과학), 도덕 교육학 등의 제반 학문 사이에서 활발하게 연구되고 있기 때문이다. 트롤리 문제는 '소수를 희생하여 다수를 구해야만 하는지'와 관련된 딜레마로서, 행위자에게 두 행위 각각을 수행해야 할 도덕 의무가 있지만 행위자가 둘 모두를 할 수 없는 상황에서 제기되는 문제다. 따라서 절대적이고 보편적인 판단이 존재한다기보다는 최선의 결정을 해야 하는 상황이다. 이러한 딜레마 상황에서 도덕 직관의 일관성을 유지하려는 시도인 트롤리 문제가 이렇게 주목을 많이 받게 된 것은 트롤리 문제가 비록 사고 실험, 철학적 가상 상황이지만 현실 사례와도 밀접할 뿐만 아니라, 숙고 과정에서 도덕 가치들의 의미를 음미할 수 있기 때문이다.

트롤리 문제에 대한 저서인 『뚱뚱한 남자를 죽이겠습니까?』에는 많은 현실의 트롤리 사례들이 제시되고 있다(Edmonds, 2013). 사실상, 우리가 현실에서 만나는 대부분의 윤리 문제들은 서로 비중만 다를 뿐 상반되는 윤리 의무들과 규칙들이 충돌하는 딜레마 상황이다. 대표적인 트롤리 사례인 '기관차 사례,' '육교 사례,' '제3자 사례,' '이음 궤도 사례' 등은 의무론, 공리주의 등의 원칙과 규칙 중심적인 하향식 윤리가 갖는 딜레마를 잘 보여 준다. 기관차 사례에서 트롤리를 본선에 있는 5명 쪽으로 향할 것인지, 아니면 지선에 있는 1명 쪽으로 향할 것인지의 문제는 효율성을 중시하는 공리주의와 인간의 존엄성을 중시하는 의무론의 규칙들 사이의 충돌 사례로 볼 수 있다. 마찬가지로 이런 딜레마를 반영하는 자율주행 자동차의 트롤리 문제는 윤리적 AI인 인공 도덕 행위자(Artificial Moral Agent) 자체가 갖는 윤리 문제가 무엇인지를 잘 보여 준다.

현재까지 많은 학자들이 트롤리 문제를 해결하기 위해 다양한 논의들을 제시하고 있지만 모든 트롤리 문제를 해결할 만한 일관적인 도덕 원리를 제시하고 있지 못하다. 예를 들어, 앞에서 언급했던 기관차 사례는 단순한 예견(merely foreseeing)과 의도(intending)를 구분하는 이중 결과의 원리(Doctrine of the Double Effects)를 통해 설명할 수 있지만, 육교 사례는 설명하지 못한다. 또한 육교 사례를 설명하기 위해 죽임(killing)과 죽게 내버려 둠(allowing to die)의 구분을 통해 해결하려는 방식은 제3자 사례를 설명하지 못한다.

이를 통해 알 수 있는 것은 이론 층위의 윤리에 해당하는 트롤리 문제는 그 자체가 학문 차원에서 해결할 수 있는 문제가 아니라는 점이다. 오히려 이 딜레마 문제에 대한 다양한 철학적 숙고를 통해 인간이 갖는 가치와 판단 근거를 숙고할 계기를 마련하는 것이 본질이다. 개인 층위와 제도 층위에서 실질적인 현실 문제에 개인의 실천이나 제도 수립에 정당화를 추구하도록 돕는 역할을 하는 것이 이론 층위에서 트롤리 문제에 대한 윤리 이론의 역할인 것이다.

참고문헌

목광수(2016). 도덕적 지위에 대한 기존 논의 고찰. ≪윤리학≫ 5권 2호.

목광수(2019). 인공지능 개발자 윤리. ≪철학논총≫ 제102집 제4권.

목광수(2020). 과학기술 시대의 윤리 용어 사용의 층위 구분. ≪범한철학≫ 제98호.

Appiah, K. A.(2009). *Experiments in Ethics*. Harvard University Press. 이은주 옮김(2011). 『윤리학의 배신』. 바이북스.

Edmonds, D.(2013). *Would you kill the fat man? : the trolley problem and what your answer tells us about right and wrong*. Princeton University Press. 석기용 옮김(2015). 『저 뚱뚱한 남자를 죽이겠습니까?: 당신이 피할 수 없는 도덕적 딜레마에 대한 질문』. 이마.

05
개인 층위의 AI 윤리

윤리의 세 층위 가운데 개인 윤리 층위는 사회 구성원들 각각이 자기 삶의 가치관이나 신념 등을 자신의 윤리로 받아들여 실질적인 실천을 도모하는 층위다. 개인 윤리 층위는 AI 윤리 문제를 포착하여 이론 윤리 층위가 이를 도덕 이론 안에 포함하도록 촉구하는 동시에 제도 윤리 층위가 이를 사회적으로 대응하게 한다.

윤리 실현과 개인 층위 윤리

개인 윤리 층위는 개인이 자신의 신념이나 가치관에 부합하는 행위를 할 때, 1인칭 관점에서 자신의 행위 정당화를 위해 윤리를 사용하는 층위다. 개인 층위 윤리는 자신의 정체성에 기반을 둔 삶의 원리라는 점에서 이론 층위 윤리처럼 보편성을 확보할 필요도 없으며, 제도 층위 윤리처럼 타인들과의 협의 과정이 필요하지도 않다. 이 층위는 제도 윤리 층위나 이론 윤리 층위의 영향이 있든 없든 상관없이 개인이 윤리를 자신의 신념으로 내면화하여 실천하게 한다는 측면에서 다른 층위와 구분된다.

20세기 중반, 정보를 관료적으로 통제하고 관리하려는 컴퓨터 거대 기업 IBM의 태도에 반발하여, 컴퓨터와 정보 활용의 미래가 탈중심화와 자유에 있다는 신념을 가지고 프로그램 개발에 몰두하고 실천했던 젊은이들이 자신들의 이런 비전을 '해커 윤리(Hacker ethic)'라고 불렀다(Acemoglu & Jonson, 2023). 소프트웨어의 자유로운 복제와 배포를 허용하는 '자유 소프트웨어 운동'을 실천하게 한 이런 해커 윤리가 개인 층위 윤리의 사례에 해당한다.

롤스의 논의에서 개인 층위 윤리는 비공적(non-public) 사회 문화에서 볼 수 있는 포괄적 교설(comprehensive doctrine)이라 할 수 있다(Rawls, 1993). 롤스에 의하면 포괄적 교설은 개인의 삶 전반에 대해 영향을 미치는 도덕적, 철학적, 종교적 견해로서 개인의 실천적, 규범적 토대라는 점에서 도덕의 구조에서 볼 때 1인칭 관점 중심의 윤리에 해당한다. 예를 들어, 특정 종교적 교설이나 특정 가치관을 자기 삶의 토대로 삼고 살아가는 사람이 이를 자신의 윤리라고 말할 때, 이것은 개인 층위 윤리를 말하는 것이다.

개인 윤리 층위는 윤리 판단이나 감정을 표출할 수밖에 없는 일상에서 윤리 용어 사용이 광범위하게 이루어지는 층위다. 다월은 윤리적 사고나 느낌이 우리가 거의 인식하지 못하는 방식에서 우리 삶 전반에 얽혀 있다고 분석한다(Darwall, 1997). 비슷한 맥락에서 김우창은 "윤리에 있어서 핵심적인 사실 하나는, 그것이 사람의 삶에 자연스럽게 작용하는 것이면서도 의식화되고 규범이 되며 인간 행동의 원리가 될 수 있다는 것"으로 생명의 타자 의존성에 대한 경외심에서 자연스럽게 발생한 감정에 뿌리를 두고 있다는 분석을 제시한다(김우창, 2007). 왜냐하면 우리가 인식하든 인식하지 못하든, 심지어는 부정하더라도 우리는 모두 어떤 암묵적 윤리, 다시 말해 개인 층위의 윤리를 가지고 있으며 이러한 윤리

없이는 살 수 없기 때문이다.

다월은 윤리 없이 살 수 있다고 생각하는 사람들은, 윤리와 관련된 가치가 없다면 자부심, 감탄, 경멸, 분노, 분개, 죄책감, 수치심 등의 다양한 감정들이 사라진다는 점을 깊이 생각해 보라고 말한다. 왜냐하면, 언급한 감정들은 단순한 생리적 반응이 아닌 우리가 갖는 어떤 가치를 드러내는 감정들이기 때문이다. 예를 들어, 어떤 것에 자부심을 느낀다는 것은 그것을 자부할 만한 어떤 것으로 인정한다는 것이며, 이것은 어떤 것이 자부할 만한 가치가 있다는 윤리적 사고에 해당한다.

더욱이 행위 주체로서 대화하거나 행위를 할 때, 해당 행위와 대화는 어떤 근거에 토대를 두고 이루어지며 이러한 근거는 어떤 규범적 토대나 가치를 전제할 수밖에 없다. 다월은 예를 들어, 오늘 저녁을 어떻게 보낼지 생각할 때, 무엇을 하는 것이 바람직한지 이유나 근거를 모색하여 선택한다는 점을 강조한다. 이러한 분석에서 볼 때 개인 윤리 층위는 행위 주체인 개인의 윤리 실천과 관련해 광범위하게 일상에서 나타난다.

개인의 일상에서 광범위하게 나타나는 개인 층위 윤리는 코스가드의 1인칭 관점의 실천적 정체성 논의처럼, 자기 삶의 정체성을 표현하고 의미 부여하는 동기 부여 구조를 갖는다는 점에서 윤리의 실천적 목적을 충실히 반영한다(Korsgaard, 1996). 개인 층위의 윤리는 자신에게 동기 부여하고 내면화하여 자신의 의무로 삼아 행동으로 실천하는 데 효과적이다. 다시 말해, 개인 윤리 층위는 윤리 실현을 위해 필수적이고 중요하다.

그러나 이러한 개인 차원의 윤리 용어 사용은 반사회적 행동 또한 용인할 여지가 있을 뿐만 아니라, 개인 차원의 윤리들 사이의 충돌을 해소하지 못한다는 한계가 있다. 왜냐하면, 1인칭 관점의 개인 윤리 층위는 자기와의 관계에서 제시되는 주체성 논의와 관련이 깊기 때문이다. 프랑스의 철학자 알랭 바디우(Alain Badiou)가 자신이 진리라고 간주하는 것을 "끈질기게 밀고 나가기 위해 네가 할 수 있는 모든 것을 행하라. 중단 속에서도 끈질기게 밀고 나가라. 너를 포획하고 단절시킨 것을 너의 존재 속에서 포착하"고 실천하라는 윤리 격률을 강조하는데, 이것이 주체성 논의와 관련된 개인 일상에서의 윤리가 갖는 성격과 한계를 잘 보여 준다(Badiou, 1993). 개인 층위에서는 이러한 진리 판단 자체가 상대적일 수 있고 주관적일 수 있어, 서로 다른 진리 신념으로 인한 갈등과 충돌, 더 나아가 반사회적 진리 신념에 입각한 도전이 혼란을 초래할 수 있기 때문이다. 개인 윤리 층위가 윤리의 전부로 이해된다면 윤리 상대주의와 허무주의를 초래할 수 있으며, 이에 따라 윤리가 불필요하다는 '윤리 비난'으로 귀결될 수 있다.

개인 윤리 층위와 다른 층위와의 관계

개인 윤리 층위는 개인이 윤리를 실제로 구현하는 층위라는 점에서 중요하다. 아무리 좋은 윤리 지침이 제도 층위에서 제시된다고 하더라도, 그리고 아무리 정교한 윤리 이론이 이론 층위에서 정립되었다고 하더라도 이것이 일상에서 개인에게 1인칭 관점에서 내면화되고 규범화되어 동기 부여하지 않는다면 '윤리 실현'은 요원하기 때문이다.

개인 층위 윤리의 이런 실천적 성격은 다른 층위와의 올바른 관계 아래 구현되어야 함을 보여 준다. 개인이 반사회적이거나 파괴적인 가치를 자신의 윤리로 내면화하여 실천하게 되면 사회적 혼란을 야기할 수 있기 때문이다. 예를 들어, 과거 해적의 사례에서 볼 수 있는 것처럼, 범죄 집단의 구성원들이 자신들의 이익만을 위한 신념을 내면화하여 자신들의 윤리로 삼는 경우 사회적 해악을 초래할 수 있다. 이런 사례는 개인 윤리 층위가 다른 층위와 올바른 관계를 형성하지 못한 경우다. 따라서 이론 윤리 층위는 개인 층위가 끊임없이 철학적 숙고를 통해 윤리 가치를 반성하도록 도와야 하며 개인 층위의 윤리가 올바른 방향으로 실천성을 갖출 수 있는 동기 부여와 교육 이론을 제시해야 한다. 또한, 제도 윤리 층위는 합당한 다원주의 범주 내에서 개인의 포괄적 교설들이 제시될 수 있는 경계를 잘 설정해 줘야 한다. 이러한 이상적인 모습을 반영한 하나의 방식이 앞에서 논의했던 넓은 반성적 평형 과정을 통해 개인의 다양한 믿음들이 조정되고 정당화된 방식일 것이다.

개인 윤리 층위는 윤리 문제를 발견하여 제도 윤리나 이론 윤리 층위가 실천적 목적을 도모하는 논의를 할 수 있도록 돕는다. 이러한 역할은 독일의 철학자 위르겐 하버마스(Jürgen Habermas)의 공론장(public sphere) 이론에서 하위 공론장의 역할과 유사하다(Habermas, 1996). 하버마스는 공론장을 상위 공론장과 하위 공론장으로 구분한다. 하버마스의 상위 공론장은 이론 층위와 개인 층위와의 올바른 관계 속에서 형성된 제도 윤리 층위와 유사하다. 상위 공론장은 중요한 정치적 사안들에 실천적 해결을 도모하기 위해 민주적으로 제도화된 절차에 따른 공적 토론을 통해 의견과 의지 형성을 담당한다.

이와 달리, 하위 공론장은 다원적인 공론 구조에서 자유롭고 규제 없는 토론을 통해 여론을 형성한다. 하위 공론장은 규제 없는 자유로운 토론 덕분에, 새로운 문제 상황을 민감하게 포착하고 여론을 형성하여 상위 공론장에 전달하는 역할을 한다. 하위 공론장의 이런 역할과 마찬가지로, 개인 윤리 층위는 제도 윤리나 이론 윤리가 윤리 지침이나 위원회를 만들 필요성을 깨닫게 해 줄 뿐만 아니라, 이론 연구를 할 실천적 주제와 과제를 제시해 준다. AI 무기 개발에 대해 일부 과학자들의 연구 보이콧은 다양한 그들의 포괄적 교설에서 윤리 문제를 포착하여 제도 층위의 윤리 지침의 필요성을 부각하였을 뿐만 아니라, AI 무기와 관련된 이론 윤리 연구의 필요성을 일깨운 사례로 볼 수 있다.

개인 층위 윤리는, 또한 이론 층위의 윤리 이론이 이론화되는 계기를 마련해 준다. 개인 층위에서 경험적으로 포착되고 반성적 평형을 통해 사유가 된 윤리는 일반화되고 논리적으로 체계화되면서 이론화의 계기가 된다. 이러한 기여를 잘 보여 주는 것이 칸트의 『도덕 형이상학을 위한 기초 놓기(Grund legung zur metaphysik der sitten)』(1785)이다. 칸트는 이 책에서 평범한 이성 인식에서 시작된 윤리 사유(1부)가 대중적인 도덕 철학에서 도덕 형이상학으로 발전하고(2부) 순수 실천이성으로 체계화되는(3부) 과정을 서술하고 있다. 이러한 칸트의 서술 과정에서 볼 수 있는 것처럼, 1부 논의에 해당하는 개인 층위의 윤리는 3부 논의에 해당하는 이론 층위의 윤리 토대를 마련하는 데 기여한다.

참고문헌

김우창 외(2007). 윤리와 인간의 삶: 감정, 이성, 초월적 이성. 『국가와 윤리』. 글항아리.

Acemoglu, D. & Johnson, S.(2023). *Power and Progress.* Public Affairs.김승진 옮김(2023). 『권력과 진보』. 생각의힘.

Badiou, A.(1993). *L'ethique.* Nous. 이종영 옮김(2001). 『윤리학: 악에 대한 의식에 관한 에세이』. 동문선.

Darwall, S.(1997). *Philosophical Ethics.* Westview Press.

Habermas J.(1996). *Between Facts and Norms.* The MIT Press.

Korsgaard, C. M.(1996). *The Sources of Normativity.* Cambridge University Press. 강현정·김양현 옮김(2011). 『규범성의 원천』. 철학과현실사.

Rawls, J.(1993). *Political Liberalism.* Columbia University Press.

06
윤리 층위 사이의 올바른 관계

현재 'AI 윤리'라는 용어가 빈번하게 사용되고 있다. 그런데 이러한 'AI 윤리' 범람 현상이 AI 기업들의 이미지만 좋게 만들면서 실제로는 윤리와 무관한 '윤리 세탁'으로 전락하지 않기 위해서는 현재 언급되는 'AI 윤리'들의 층위를 명확하게 구분하고, 이러한 층위들 사이의 올바른 관계가 형성될 수 있도록 각 층위의 윤리를 잘 정립하여 협력하게 해야 한다.

현재의 AI 윤리 논의 지형도

현재 논의되는 AI 윤리를 메타 차원에서 분석한 연구들에 따르면, 현재 AI 윤리는 대부분 지침으로서의 윤리 중심으로 제시되고 있다. 다시 말해 세 층위 가운데 제도 층위 윤리가 대부분을 차지하고 있다.

사적 영역과 공적 영역에서 2015년 이후 최근 5년간 발표된 AI 윤리 지침 84개를 분석한 연구에 따르면, 84개 AI 윤리 지침의 다양한 원칙들은 투명성(73개), 정의/공평성/형평성(68개), 책임/해명 책임(60개), 해악 금지(60개), 프라이버시(47개), 선행(41개), 자유/자율성(34개), 신뢰(28개), 지속 가능성(14개), 존엄성(13개), 연대(6개)의 11개 원칙으로 수렴하였다(Jobin et al., 2019).

84개의 AI 윤리 지침은 기업 차원(19개, 22.6%), 정부 차원(18개, 21.4%), 국제 차원(8개, 9.5%), 연구소(9개, 10.7%), 비영리 기구(7개, 8.3%), 전문가 사회(7개, 8.3%). 사적 연합(4개, 4.8%), 연구 연합(1개, 1.2%), 과학 재단(1개, 1.2%), 노동자 연합 기구(1개, 1.2%), 정당(1개, 1.2%), 이러한 분류법에서 1개 이상이 연합(4개, 4.8%), 미분류(4개, 4.8%)로 분류된다. AI 윤리 지침이 다양한 차원에서 제시되고 있지만, 기업과 정부가 주도하고 있음은 분명하다. 지역적으로는 미국(22개), 유럽

연합(19개), 영국(13개), 일본(4개), 캐나다, 아이슬란드, 노르웨이, 아랍 에미리트, 인도, 싱가포르, 한국, 오스트레일리아가 각각 1개씩이다. AI 윤리 지침이 AI 발전을 선도하는 미국과 유럽을 중심으로 제기되는 형국이다.

윤리 지침은 관련 집단의 구성원들로 하여금 윤리적 판단이 요구되는 상황에서 윤리 행위를 할 수 있게 하는 유용한 출발점이며 관련된 집단이 윤리적이게끔 하는 목적을 가지고 있다(McNamara et al., 2018). 그러나 이러한 목적이 윤리 지침 제시만으로 달성될 수 있을지는 의심스럽다. 왜냐하면, 지침으로서의 AI 윤리가 제시한 지침들은 추상적인 원칙이어서 구체적인 행위 지침으로 나타나기 어려울 뿐만 아니라, 실천성을 도모하는 동기 부여 구조 자체를 결여하고 있기 때문이다.

최근에 발표된 주요 AI 윤리 지침 22개를 분석한 독일의 AI 연구자 틸로 하겐도르프(Thilo Hagendorff)는 이와 같은 윤리 지침이 AI 개발자들의 의사 결정에 미친 실질적 영향은 거의 없다고 비판한다(Hagendorff, 2020). 비슷한 맥락에서, 앤드루 맥너마라(Andrew McNamara) 등은 63명의 프로그램 학생들과 105명의 프로그램 전문 개발자들을 대상으로 컴퓨터 기계 학회(Association for Computing Machinery)의 윤리 지침이 실질적 영향력을 행사하는지를 알기 위해 프로그램과 관련된 윤리적 결정 시나리오 11개에 보고 책임, 사용자 데이터 수집, 지적 재산권, 코드 품질, 고객에 대한 정직 등에 대한 설문 조사를 했다(McNamara et al., 2018). 그런데 조사 결과는 윤리 지침을 본 사람들과 보지 않은 사람들 사이에 통계적으로 유의미한 차이점이 발견되지 않았다. 이들은 정보 시스템 공학자들을 대상으로 한 윤리 지침이 지침에서 제시된 윤리적 행동을 하게끔 하는 데 효과적이지 않았다는 다른 연구 결과들도 소개하고 있다.

이러한 연구 결과를 토대로 일부 학자들은 AI 윤리 대신 역사적으로 보다 분명하게 효과를 보였던 정의(justice), 다시 말해 'AI 정의'로 논의를 전환하자고 주장하기도 한다(Munn, 2023). 또한, AI 윤리가 의미 없고 쓸모없다는 '윤리 비난(ethics bashing)'을 제기하며 대안으로 AI 법령을 만들어야 한다고 주장하기도 한다. 그러나 이러한 주장은 부분에 불과한 지침으로서의 윤리를 윤리 전체로 오해하여 제기된 것이다. 지침으로서의 AI 윤리가 효과적이지 않은 것이 AI 윤리 전체가 쓸모없다는 것을 의미하는 것은 아니기 때문이다. 오히려 이러한 분석은 AI 윤리의 여러 층위가 통합적으로 제시되지 못해서 생겨난 결과로 해석하는 것이 타당하다. 특히 윤리 실현을 위해 필수적인 1인칭 관점이 강조된 개인 윤리 층위가 다른 층위들과 올바른 관계 속에서 제시되지 못했을 뿐만 아니라, 제대로 된 개인 윤리가 제시되지 않아 윤리 실현이 도모되지 않은 것으로 볼 수 있다. "목욕물 버리면서 아이도 버리지 말라(Don't throw the baby out with the bath water)"는 교훈을 망각하지 말아야 한다.

하겐도르프는 AI 기업들 중심으로 지침으로서의 AI 윤리가 다수 제시되는 것에 대해 AI 기업들이 기술적 리스크 감소나 남용의 가능성에 대한 내부적 자기 통제가 충분히 이루어지고 있어 법제화 등의 외부적 통제가 불필요하다고 정당화하여 대중들의 비판적 목소리로부터 피하려는 의도의 윤리 세탁이라고 비판한다(Hagendorff, 2020). 비슷한 맥락에서 미국의 법학자 라이언 칼로(Ryan Calo)는 기업들이 자신들의 AI 지침을 윤리 지침으로 표현하여 실질적인 처벌이나 통제에서 벗어나려고 한다고 분석한다(Calo, 2017). 실리콘 밸리의 AI 기업들이 정부의 규제를 무력화하기 위한 수단으로 윤리 전문가와 연구자들을 이용하여 지침으로서의 AI 윤리를 만들고 있다는 분석도 있다(Schukenk, 2020). 독일의 철학자이자 AI 윤리학자인 빈센트 뮐러

(Vincent Müller)는 AI 윤리 정책이 경제적, 정치적 권력이 있는 자들에게서는 "이 빠진(toothless)" 무기력함을 보여 준다며 이런 현상을 비판한다(Müller, 2020).

이러한 비판적 분석은 최근 AI 기업들에 대한 긍정적인 평가가 얼마나 순진할 수 있는지를 보여 준다. 기술산업계와 윤리가 긴장과 갈등 아래 있는 일반적인 모습과 달리, 최근 AI 기업들은 AI가 초래할 거대한 리스크에 적극적이면서 윤리적으로 대응하려는 태도를 보인다는 평가 말이다.

더욱이 AI 윤리 지침은 많은 경우에 일반적이고 피상적이며, 구체적인 권고안을 제시하지 않아서 AI 개발자들의 실천을 도모하는 데 취약하고 윤리적 책임을 타인에게 전가하기 쉽다. 이러한 논의들은 결국 AI 윤리 지침들이 실천을 도모하는 동기 부여 구조를 결여하고 있다는 결론으로 귀결되는데, 통합적 성격의 필요성에서 언급했던 것처럼 이러한 귀결은 1인칭 관점의 행위자 규범성이 부재함에 대한 지적으로 볼 수 있다. 이러한 부재는 AI 윤리가 실천성을 갖고 구현되어 윤리적 AI를 설계, 제작하지 못하게 한다는 한계로 나타난다.

세 층위의 바람직한 관계

AI 윤리 문제가 논의될 때, 논의되는 윤리가 개인 윤리 층위, 제도 윤리 층위, 이론 윤리 층위 가운데 어느 층위에 해당하는지를 판단하는 것이 중요하다. 그렇지 않으면 윤리를 논의하면서 윤리 실현을 도모하기는커녕, 서로가 이해할 수 없는 논리와 목적으로 인해 혼란만 가중될 수 있다. 이처럼 윤리의 세 층위는 독립성을 갖는다.

그렇지만, 이들 층위들은 서로 무관하지 않다. 오히려 각 층위는 서로 다른 층위에 영향을 미치면서 서로 협력 관계에 있다. 또한 이러한 세 층위의 균형 잡힌 협력을 통해서만 해당 윤리 문제에 대한 윤리 실현을 도모할 수 있다. 세 층위가 상호 어떤 영향을 주고받으며 바람직한 관계를 형성하는지에 대해서는 그림 6-1처럼 정리될 수 있다.

그림에서 볼 수 있는 것처럼, AI 윤리의 세 층위가 적절한 관계 맺음을 통해 작동할 때의 모습을 기술해 보면 다음과 같다. 어떤 AI 과학 기술이 사회에 등장했을 때, 사회 구성원들은 자신들이 가진 개인 윤리 층위에서 해당 과학 기술이 초래할 수 있는 윤리 문제를 포착하고 다양한 논의를 전개할 것이다. 이러한 논의를 통해 포착된 윤리 문제가 심각하고 광범위하여 사회 차원에서 고려

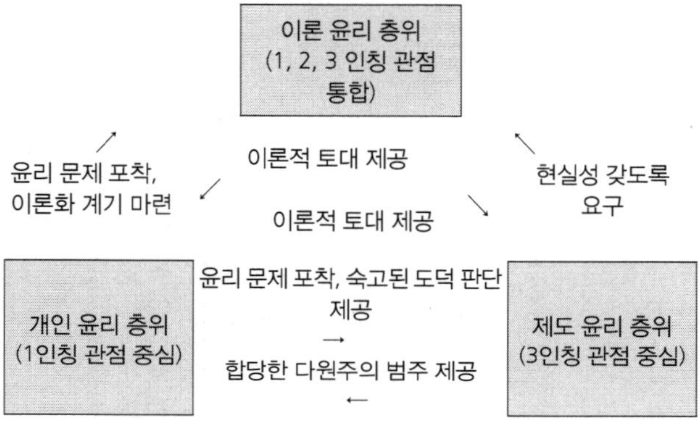

그림 6-1. 세 윤리 층위 사이의 관계

할 필요가 있을 때, 제도 윤리 층위는 이론 윤리 층위가 제공하는 다양한 윤리 이론들의 도움을 받아 해당 과학 기술 전문가와 사회의 다양한 전문가들 사이의 넓은 반성적 평형 과정을 통해 윤리 지침을 제공한다. 제도 윤리 층위가 제공한 윤리 지침은 합당한 다원주의의 경계를 설정하여 개인 윤리 층위에서 이루어지는 다양한 윤리 논의들이 사회 파괴적이지 않고 사회 협력 가운데 이루어질 수 있게 한다. 또한 합당한 다원주의 경계 내에서 활발하게 이루어지는 개인 윤리 층위는 새로운 과학 기술에 대해 포착한 윤리 문제에 대해 이론 윤리 층위가 심도 있는 이론적 차원의 탐구를 하고 실천력 있는 이론이 될 수 있도록 촉구한다.

이처럼 개인 윤리 층위, 제도 윤리 층위, 이론 윤리 층위가 적절한 관계 속에서 선순환적으로 작동할 때, 해당 과학 기술에 대한 윤리적 실천이 효력을 나타낼 수 있다. 제도 층위에서 제시한 윤리 지침이 개인 층위에서 자신의 윤리로서 동기 부여 하는 규범성을 가져 윤리 실현을 도모할 수 있다.

참고문헌

목광수(2020). 과학기술 시대의 윤리 용어 사용의 층위 구분. ≪범한철학≫, 제98집.

Calo, R.(2017). Artificial intelligence policy: a primer and roadmap. *SSRN Journal.*

Hagendorff, T.(2020). The Ethics of AI Ethics: An Evaluation of Guidelines. *Minds and Machines,* 30.

Jobin, A., et al.(2019). The Global Landscape of AI Ethics Guidelines. *Nature Machine Intelligence,* 1.

McNamara et al.(2018). Does ACM's Code of Ethics Change Ethical Decision Making in Software Development?. *ESEC/FSE.*

Müller, V.(2020). Ethics of Artificial Intelligence and Robotics. *The Stanford Encyclopedia of Philosophy* (Fall 2020 Edition), Edward N. Zalta (ed.), https //plato.stanford.edu/entries/ethics-ai/.

Munn, L.(2023). The uselessness of AI ethics. *AI and Ethics,* 3.
Schukenk, U.(2020). On the ethics of AI ethics. *Bioethics,* 34.

07
개인 윤리 층위에서의 AI 윤리 모색 방안

현재 AI 윤리 영역에서 개인 윤리 층위 자체에 대한 논의는 찾아보기 어렵고, 제도 층위에서 제시된 윤리 지침을 그대로 교육하는 방식의 논의가 주를 이루고 있다. 그런데 이러한 방식은 사회 구성원들 각자에게 윤리 내용을 내면화하는 데 취약할 뿐만 아니라, 윤리에 대한 부정적 이미지를 형성하여 윤리 실현에 오히려 방해가 된다. 따라서 개인 윤리 층위의 AI 윤리는 AI 윤리 지침 교육이 아닌 다른 방식, 즉 덕성 중심의 AI 개발자 윤리로 나아갈 필요가 있다.

개인 윤리 층위의 AI 개발자 윤리

AI 윤리 실현을 위해 세 층위의 올바른 관계를 형성하고 모든 층위가 균형 있게 정립되는 것이 중요하다. 현재 AI 윤리의 지형도를 분석해 볼 때 개인 층위의 AI 윤리가 취약하여 이를 강화하고 실현하는 것이 선행될 필요가 있다. 그런데 개인 층위의 AI 윤리는 크게 AI를 사용하는 사용자의 윤리와 AI를 연구하고 만들어 내는 개발자의 윤리로 구분할 수 있다. 양자 가운데 AI 개발자 윤리가 먼저 논의될 필요가 있다. AI 개발자는 AI 알고리즘을 설계하고 제작하여 사회에 제공한다는 점에서 AI가 초래할 윤리 문제를 사전에 대응할 수 있는 위치에 있기 때문이다.

이 논의에서 의도를 가지고 악의적 AI를 개발하고 활용하는 개발자들에 대한 논의는 윤리 논의의 대상이 아니다(이재성, 2024). 피싱 이메일을 생성할 수 있는 웜 GPT(Worm GPT)를 개발하는 AI 개발자, 그리고 금융 사기나 선거 여론 선동, 음란물 확산 등의 사회적 해악을 초래하려는 악의적 딥페이크(deepfake) 개발자는 윤리가 아닌 법률로 다룰 대상이기 때문이다.

AI 개발자 윤리의 대상자는 AI가 윤리적으로 개발되도록, 그리고 AI를 인공적 도덕 행위자(artificial moral agent)로 만들려고 하는 AI 개발자들이다(목광수, 2018). 이 장에서는 AI 개발자 윤리 자체를 논의하기 전에, 윤리 실현을 위해 개인 윤리 층위는 어떤 방향으로 모색되는 것이 바람직한지를 검토하고자 한다.

지침으로서의 AI 윤리 교육의 문제 1: 효과 없음

AI 개발자 윤리 자체에 대한 논의는 거의 없지만, AI 개발자에게 윤리가 필요하다는 사실에는 어느 정도 공감대가 형성된 모양이다. AI 개발자 윤리의 필요성을 절감하는 과학자들과 교육자들은 어떻게 AI 교육 과정에서 AI 개발자들이 자신들의 활동이 갖는 윤리적 함의를 알고 윤리적으로 행동하게 할 것인가에 대한 교육 논의를 제시하고 있다. 예를 들어, 미국의 컴퓨터 과학 윤리학자인 이마누엘레 버턴(Emanuelle Burton) 등은 윤리 이론에 대한 기본 교육과 사례를 통한 AI 윤리 교육 방안을 제시한다(Burton et al., 2017). 교육에 사용되는 사례에는 실제 사례뿐만 아니라 소설이나 연극, 영화 등의 다양한 매체에서 나타난 것들도 포함된다. 이들도 인정하는 것처럼 이러한 방식은 생명 의료 윤리에서 지침으로서의 윤리를 그대로 교육하는 방식과 유사하다. 그런데 이러한 방식은 동기 부여의 구조를 갖추지 못한 AI 지침을 그대로 전달하는 것이어서 개발자들의 실천성을 담보하지 못한다. 더욱이 이러한 방식은, 비슷한 방식을 사용한 생명 의료 윤리 교육이 구체적인 현실에서 행위 지침을 내리지 못해 실천성을 결여한다는 비판에서 볼 수 있는 것처럼 비효율적이다.

미국의 AI와 컴퓨터 과학자 주디 골드스미스(Judy Goldsmith) 등은 공리주의, 의무론, 덕 윤리의 다양한 윤리 논증 구조를 AI 개발자에게 교육하면 그들이 이런 구조를 이해하여 자신의 가치와 판단을 더 잘 숙고하고 판단할 수 있게 된다고 주장한다(Goldsmith & Burton, 2017). 예를 들어, 어떤 감시 장비 개발이 그 자체로는 해악을 야기할 것으로 보이지 않지만, 개발자가 다양한 윤리 논증 구조에 대한 이해에 토대를 둔 프라이버시 관점에서 이 개발을 조명해 볼 때 감시 장비 개발이 위험하다는 결론에 도달할 수 있다고 전망한다. 그러나 동기 부여에 대한 주목 없이 윤리 이론에 대한 단순한 이해가 행동의 변화를 불러올 것이라는 이들의 낙관적인 주장은 의심스럽다.

더욱이 AI 개발자들이 자신들에게 놓여 있는 자본주의 시장 상황에서 경제적 가치의 유혹을 윤리 논증 구조

교육을 통해 극복할 수 있을지도 의심스럽다. 시장은 효율성과 최적화를 중시하면서 다른 가치들을 외면하고 무시하게 만들기 때문이다. AI 개발자들 사이에서는 '누가 먼저 개발하는가'의 속도 문제와 '얼마나 많은 경제적 보상을 받을 것인가'의 자본주의 영향력, 그리고 이러한 문화가 유지되는 AI 개발자 사회의 분위기가 의사 결정 과정에서 윤리적 관점을 무시하게 하는 요인이다 (Hagendorff, 2020).

지침으로서의 AI 윤리 교육의 문제 2: 윤리에 대한 부정적 인식 조장

AI 개발자 윤리를 별도로 마련하는 대신 확립된 지침으로서의 AI 윤리를 다양한 교육 방식을 통해 제시하는 방식은 두 가지 잘못된 인상을 줄 수 있다(Pennock & O'Rourke, 2017). 미국의 과학 철학자 로버트 페녹 등은 과학 윤리 지침을 그대로 교육하는 것의 문제를 분석하고 있는데, 여기서 과학 윤리 지침을 AI 윤리 지침으로 대체해서 이해해도 큰 무리가 없을 것으로 보인다. 왜냐하면, 과학 윤리 지침과 관련된 논의들에는 줄기세포와 유전 공학 복제 등의 생명 공학적 주제들도 포함되고 있고, 공학과 과학 사이의 경계가 현대 과학 기술에서는 분명하지 않기 때문이다.

페녹 등이 분석한 첫 번째 잘못된 인상은 단지 주어진 지침들을 알면 충분하다는 인상이다. 도덕의 구조에서 본 것처럼, 2인칭 관점의 전제에서 논의되는 윤리는 3인칭 관점의 기준 제시를 1인칭 관점의 규범성으로 내면화하는 과정을 통해 윤리 실현을 도모한다. 그런데 3인칭 관점에서 제시된 지침으로서의 AI 윤리를 그대로 교육하는 방식은 1인칭 관점을 방기하고 있으면서도 체크리스트에 표시하는 것처럼 윤리 지침들을 아는 것만으로도 윤리를 실현할 수 있다는 왜곡된 인상을 줄 수 있다. 이것은 윤리의 층위 구분과 층위들 사이의 관계에 대해 제대로 이해하지 못해 생겨나는 문제이다.

둘째, 지침으로서의 윤리는 준수와 규칙 순응에 초점을 두고 있어서 윤리가 강제적이라는 잘못된 인상을 준다. 교육의 대상인 과학자들에게 이러한 인상은 자발적이고 내면적인 1인칭 관점을 중시하는 윤리가 부담스럽고 관료주의적으로 보이게 할 수 있으며, 윤리 지침을 규제와 완장의 억압 장치로 보게 하여 윤리에 대한 냉소적 입장을 갖게 한다. 즉, 과학 윤리가 완장 찬 '경찰'처럼 과학자들인 자신들을 조사하고 간섭하는 성가신 것으로 왜곡한다.

혹자는 딜레마 상황 교육 방식을 통해 이러한 문제에 대응할 수 있다고 주장한다. 그런데 지침으로서의 과학 윤리에 입각한 딜레마 교육 방식은 제시되는 두 지침 모두 그럴듯해 보여 오히려 윤리는 상대적이거나 해소되지 않는다는 또 다른 부정적 인식을 피교육자에게 줄 수 있다(Wolpe, 2006).

지침으로서의 과학 윤리를 그대로 교육하는 방식은 외제적 통제를 강조하는 법규 준수(legalistic) 모델에 속하기 쉽다는 점에서, 인식론적이고 윤리적인 가치를 내면화하여 동기 부여하는 내적 규범에 초점을 맞춘 대안이 요구된다(Pennock, 2015). 법규 준수 모델 같은 외적인 통제 모델은 과학자들의 1인칭 관점의 동기 부여와 윤리 문화 형성 자체를 불가능하게 하기 때문이다. 1인칭 관점의 윤리에서 더 잘 부각되는 것처럼, 윤리는 자신의 정체성과 가치를 잘 보호하기 위한 자발적인 규범이며, 이러한 내적 규범의 강조가 윤리 실천을 자발적으로 도모하기에 효과적이다.

원칙과 규칙을 제시하는 방식인 지침으로서의 과학 윤리는 내면화된 동기 부여와 거리가 멀어 행위 지침을 제시하기에 취약하다. 이러한 취약성을 극복하기 위해 더 많은 윤리 지침을 제공해야 한다는 생각은 적절한 대안으로 보기 어렵다(Garzcarek & Steuer, 2019). 왜냐하면, 생명 의료 윤리 영역에서 이미 많이 논의된 것처럼, 공통 도덕, 법, 종교로부터 제시되는 일반적이고 추상적인 윤리 원칙과 지침을 현실의 구체적인 윤리 문제에 적용하는 것은 그 자체로 어렵기 때문이다.

덕성과 관련된 AI 윤리 논의

지침으로서의 AI 윤리를 그대로 교육하는 방식은 효율적이지도 않으며 윤리에 대한 부정적 인식을 줄 수 있다는 비판으로 인해, 몇몇 학자들은 과학과 공학 윤리(engineering ethics), 특히 과학자나 공학자에 대한 윤리 교육에서 동기 부여의 내적 구조에 초점을 둔 덕 윤리 논의에 주목하고 있다. 이러한 입장은 아인슈타인이 "대부분의 사람들은 위대한 과학자를 만들어 내는 것은 지성이라고 말한다. 그런데 그들의 말은 틀렸다. 그것은 성품이다"라고 언급한 통찰에도 잘 나타난다(Wolpe, 2006). 비슷한 입장에서 미국의 사회학자이자 생명 윤리학자인 월피(Paul Root Wolpe)는 의학이나 과학 교육에 성품을 함양하는 윤리 훈련 교육 과정을 포함하지 않는 것이 과학 자체의 교육을 빈곤하게 한다고 주장한다. 그는 훌륭한 과학 관행들은 이미 윤리 가치를 담지하고 있다고 분석하는데, 이러한 분석은 과학과 덕 윤리 교육 사이에 깊은 관련성이 있음을 추측하게 한다.

공학 윤리 교육에 대한 이런 논의가 보여 주는 것처럼, 단지 공학 윤리 지침의 내용을 아는 것으로는 공학자들을 동기 부여하여 윤리적으로 행동하게 하기에 불충분하다(Johnson, 2017). 하겐도르프는 지침으로서의 AI 윤리가 갖는 한계를 극복하기 위해 AI 윤리, 특히 AI 개발자 윤리에 덕 윤리를 도입해야 한다고 주장한다(Hagendorff, 2020). 왜냐하면, 규범 윤리학의 다른 윤리 이론인 의무론과 공리주의는 원칙 중심적인 논의여서 이미 지침으로서의 AI 윤리에 반영되어 있지만, 도덕성품과 덕성에 토대를 둔 덕 윤리는 실천과 훈련을 통해 AI 개발자들이 행위 경향성을 키워 실천적 행위를 도모하게 하는 동기 부여의 구조를 이론에 내재하고 있기 때문이다. 그러나 하겐도르프의 논의는 덕성 중심 윤리로의 전환을 주장하면서도 구체적으로 어떻게 그러한 덕성을 함양할 수 있을지는 막연한 수준에서 교육을 언급할 뿐이라는 한계가 있다.

덕 윤리를 공학 윤리에 도입하려는 논의 가운데 미국의 컴퓨터 공학 윤리학자인 데버라 존슨(Deborah G. Johnson)의 논의는 구체적인 내용을 제시하려고 시도했다는 점에서 주목할 만하다. 존슨은 공학 윤리 교육에 있어서 가상 상황에서의 윤리 행동에 대한 실질적인 추론과 윤리적 의사결정 연습이 추후 실질적 현장에서의 윤리 행위에 효과가 있다고 분석한다(Johnson, 2017). 존슨은 공학 윤리가 가르쳐질 수 없다는 회의주의자들의 비판에 공학 윤리가 윤리 실현을 실제로 도모한다고 대응한다. 왜냐하면, 존슨의 분석에 따르면 공학 윤리는 윤리 지침에 대한 지식, 윤리 문제를 파악하는 능력과 기술, 도덕 판단을 할 수 있는 추론 능력 그리고 이를 행동에 옮기는 동기 부여로 구성되어 단순한 지식이 아닌 실천 도모를 목표로 하기 때문이다. 더욱이 공학 윤리는 단순히 개인의 도덕 행위만이 아닌 윤리 행위를 가능하게 하고 조장하는 조직 문화 창출의 필요성도 인정하여 윤리 실현을 강조한다. 존슨은 윤리 행위를 했던 역사적 인물들에 대한 탐구, 작고 가난한 시골 공동체에 필요한 위생 체계를 건설하는 것과 같은 실습 경험 교육이 피교육자들의 동기 부여에 효과적이었다는 사례를 제시하고 있다. 이러한 롤 모델 모방 방식과 경험 중심 교육은 덕 윤리의 덕성 함양 방법과 유사하다.

더욱이 존슨은 도덕적 용기 덕성이 윤리적 판단과 의사 결정으로 인해 자신에게 불리한 결과가 올 수 있다는 두려움을 이겨내고 윤리적 추론을 통해 나온 윤리적 행위를 실천하게 하는 능력임을 언급하면서 이러한 덕성이 공학 윤리에서 중요함을 역설한다. 존슨의 논의는, AI 개발자 윤리가 덕성 중심으로 제시되어야 한다는 필요성과 방향성을 제시했다는 점에서 의미가 있다. 그러나 구체적으로 어떤 모델로 제시되어야 하는지에 대한 논의로는 나아가지 못한다는 한계가 있다.

참고문헌

목광수(2018). 인공적 도덕 행위자 설계를 위한 고려사항: 목적, 규범, 행위지침. ≪철학사상≫, 69호.

이재성(2024). 『AGI, 인공일반지능의 이해』. 커뮤니케이션북스.

Burton, E., et al.(2017). Ethical Considerations in Artificial Intelligence Courses. *AI Magazine,* 38(2).

Garzcarek, U. & Steuer, D.(2019). Approaching Ethical Guidelines for Data Scientists. *arXiv.*

Goldsmith, J. & Burton, E.(2017). Why Teaching Ethics to AI Practitioners Is Important. *ACM SIGCAS Computers and Societies.*

Hagendorff, T.(2020). The Ethics of AI Ethics: An Evaluation of Guidelines. *Minds and Machines,* 30.

Johnson, D.(2017). Can Engineering Ethics Be Taught?. *The Bridge,* 47(1).

Pennock, R.(2015). Following Humbly where Nature Leads: How Scientists Embody Humility. *Slate: What Do We Know?*

Essays & Opinions.
Pennock, R. & O'Rourke, M.(2017). Developing a Scientific Virtue-Based Approach to Science Ethics Training. *Sci Eng Ethics,* 23.
Wolpe, P. R.(2006). Reasons Scientists Avoid Thinking About Ethics. *Cell,* 125.

08
전문직 윤리로서의 AI 개발자 윤리

AI 개발자는 과거 전문직 윤리의 대상이었던 의사나 법률가처럼 전문직 종사자로 볼 수 있다. 왜냐하면 기존의 전문직 못지않게, AI가 사회에 미치는 영향력이 인류의 정신세계뿐만 아니라 물질세계 전반에 걸쳐 막강하기 때문이다. 전문직 윤리가 전문가들의 내면에 초점을 두었던 것처럼 전문직 윤리로서의 AI 개발자 윤리는 1인칭 관점의 규범성을 강화하는 논의여야 한다.

전문직으로서의 AI 개발자

중세 시대의 대표적인 전문직 종사자는 의사, 법률가, 성직자였다. 의사는 인간의 몸을 치료하는 직업이었고, 법률가는 사회의 부정과 부패를 바로잡는 직업이었으며, 성직자는 인간의 영혼을 치료하는 직업으로 인식되었다. 따라서 이러한 전문직은 지식의 습득뿐만 아니라 오랜 연습을 통해 수련을 쌓아 이에 걸맞은 마음가짐과 태도를 갖추도록 했다.

현재에도 의과 대학을 졸업하고 인턴과 레지던트 수련 과정을 거치고, 사법 연수원이나 변호사 수련 과정을 가지며, 목사가 되기 위해서는 일정 기간의 전도사나 강도사 등의 수련 기간을 갖는 것이 이런 전통의 반영이다. 이처럼 인간의 몸이나 영혼, 인간들이 살아가는 사회처럼 인류에게 중요하고 가치 있는 영역을 담당하는 직업들을 전문직이라고 불렀으며, 이런 전문직 종사자들은 사회적으로 가치 있는 일에 종사한다는 자부심으로 인해 공적 태도를 유지하는 전문직 윤리를 자발적으로 갖추어 왔다. 전문직 종사자들은 정의, 구원, 아름다움, 진리, 건강, 번영과 같은 공공선의 초월적이고 바람직한 가치에 봉사하겠다는 각오로, 단지 충실한 봉사가 아니라 판단의 독립과 활동의 자유를 주장하기 위해 신뢰를 얻을 수 있는 전문직 윤리가 필요했기 때문이다(Freidson, 2001).

전문직이 전문화라는 사회적 기능이 갖는 중요성에 의해 정해진 것이라면, 전통적인 대표적 전문직인 의료, 법률, 종교 이외에도 오늘날 사회에서는 더 많은 직업군이 포함될 수 있을 것이다. 특히 AI 개발자도 전문직 종사자에 해당한다고 볼 수 있다. 왜냐하면, AI 과학 기술은 인간의 신체, 정신이나 영혼에까지 심대한 영향력을 행사할 뿐만 아니라, 정치나 사회 변화에도 광범위한 영향을 끼치기 때문이다. 2016년 미국 대선에서 케임브리지 애널리티카가 페이스북 사용자들의 개인정보를 수집하여 특정 후보를 지지하는 맞춤형 광고를 지속적으로 보내 선거의 결과에 영향을 미쳤던 사건이나 넷플릭스 다큐멘터리 영화 〈소셜 딜레마〉(2020)가 보여 주는 것처럼 SNS가 사용자들의 심리를 조종하고 자율권을 침해하는 사례에서 볼 수 있는 것처럼 AI 개발자들이 어떤 AI를 개발하는가가 사회와 인류에게 큰 영향을 끼치기 때문이다. 예를 들어, 미국 사법 체계에서 피고인의 재범 가능성에 대한 분류 알고리즘 컴파스(COMPAS, Correctional Offender Management Profiling for Alternative Sanctions)에 백인과 흑인 사이의 차별이라는 편견이 의도와 무관하게 반영되었고 이 알고리즘이 단순한 조언 역할로 고안되었지만 실제로는 중요한 결정을 해 왔다는 분석은 AI 개발자의 영향력을 잘 보여 준다(Garzcarek & Steuer, 2019). 더욱이 AI 개발자들은 경제적으로도 세상에서 가장 큰 영향력을 가진 사람들이 되었다. 1996년 시가총액 상위 5개 기업은 제너럴일렉트릭(GE), 로열더치쉘, 코카콜라, 닛폰텔레그래프앤텔레폰, 엑슨모빌 등의 제조업 중심이었지만, 2020년 시가총액 상위 5개 기업은 AI 개발자들이 창업한 마이크로소프트, 아마존, 애플, 알파벳(구글), 페이스북이다(Reich et al., 2022).

AI 개발자는 AI 설계, 개발 등의 종사자로 AI 작동에 영향을 행사하는 전문가들을 포괄하는 의미다. 예를 들어, AI의 알고리즘을 개발하는 연구자, AI 개발 과정에서 학습 데이터를 다루는 데이터 과학자나 공학자, AI를 이용한 서비스를 기획하고 제공하는 종사자 등이 모두 AI 개발자라고 할 수 있다. 그런데 이런 AI 개발자는 일반 직장인이나 단순한 기술자로서 의뢰인의 요구를 그대로 따르는 것이 아니라, 자신의 노동을 스스로 통제하고 전문직의 존재 이유인 초월적 가치를 위해 봉사한다는 의식과 자기 규제 능력까지 갖춘 전문직 종사자에 해당한다(Freidson, 2001). 따라서 전문직으로서의 AI 개발자는 AI 개발 과정에서 주체적이고 실질적인 영향력을 행사할 수 있어야 한다.

전문직 윤리와 AI 윤리 지침

전문직을 특징짓는 것은 지식이나 전문 지식 체계뿐만 아니라, 높은 윤리적 행위에 대한 기대치를 동반한 해당 영역의 봉사 문화 전통으로부터 나온 전문가적 권위와 관련된다. 따라서 전문직은 미국 의사 협회가 1847년 설립되면서 윤리 지침을 제정해 발표했던 것처럼, 윤리 지침을 통해 윤리적 행위를 보장하려고 노력해야 한다. 그런데 AI 개발자들은 다양한 영역에서 훈련되고 교육된 사람들이라는 점에서 기존의 전문직 윤리에서 제시되는 전문직 공동체에 대한 의식이 약하고 이에 따른 윤리적 소통이 어렵다. 이런 의미에서 현 단계에서의 AI 개발자는 전문직이라기보다는 하나의 일반 직업으로 간주되는 경향이 있는데, 이러한 경향은 극복될 필요가 있다. 이를 극복하기 위해서는 AI 개발자들이 자신들의 공유된 이해 관심을 반영하는 것이 윤리 지침임을 자각하게 할 필요가 있다.

다행스럽게도 최근에 AI 개발자들이 자신들을 전문직

으로 자각하려는 움직임이 있다. 2024년 현재 190개국 46만 명 이상의 회원을 가진 세계에서 가장 큰 전기전자 공학 전문가들의 국제 조직인 전기전자공학자협회(Institute of Electrical and Electronics Engineers, IEEE)와 같은 공학자 단체가 최근에 AI 윤리 지침 '윤리적으로 조정된 설계(Ethically Aligned Design)'를 구성원들과의 다년간 소통을 통해 만들어 발표했다. 이러한 지침을 만들어 나가는 과정이 전문직 문화 형성의 일부로 볼 수 있다. 왜냐하면, 전체 공학자 회원들과 AI가 초래할 수 있는 문제들을 공유하면서 어떻게 하면 자신들이 이런 문제를 피하는 동시에 인류의 번영이라는 초월적 가치를 추구할 수 있을지에 대한 논의를 지속하며 윤리 지침을 구성하고 있기 때문이다.

그런데 문제는 이렇게 제시된 AI 윤리 지침이 의사 협의의 윤리 지침처럼 전문직 윤리로서 작동할 수 있는가다. 왜냐하면, 지침으로서의 AI 윤리가 생명 의료 윤리 영역에서의 윤리 지침보다 실천성에 취약하기 때문이다. 영국의 데이터 윤리학자인 브렌트 미텔스탓(Brent Mittelstadt)은 AI의 다음과 같은 네 가지 특징이 이런 취약성을 드러낸다고 주장한다(Mittelstadt, 2019). 첫째, 생명 의료 윤리 영역과 달리 AI 영역은 공통의 목표와 수

탁자(fiduciary)에 대한 의무가 없다. 생명 의료 영역은 상대적으로 연대성에 근거해 환자의 건강과 복지를 증진하려는 도덕 공동체의 목표가 분명하지만, AI 영역에서는 개발자, 사용자, 영향받는 사람들의 근본적 목표가 필수적으로 조정되지 않는다. AI 개발자들이 놓여 있는 자본주의 환경 아래에는 자본의 논리가 때로는 우선하며, AI 개발자들에게서 보통의 전문직이 갖는 공적 영역의 목표어 대한 헌신적 태도를 찾기 어렵다.

둘째, 생명 의료 윤리 영역과 달리 AI 영역은 전문직에 대한 역사와 행동 규범이 부재하다. 생명 의료 윤리 영역은 오랜 역사를 통해 형성된 전문직 윤리에 대한 문화가 있어 도덕적 의무와 전문직 덕성이 비록 구체적인 내용은 시대에 따라 수정되었지만 내재된 문화로 유지되고 존재해 왔다. 따라서 생명 의료 윤리의 원칙주의는 의사들과 병원에 대해 역사적으로 형성된 강력한 규제의 영향력을 어느 정도 갖고 있다. 그러나 AI 영역은 이러한 역사나 전문직에 대한 공통의 문화와 정체성, 전문직 윤리로서의 윤리적 규범들의 역사가 없다. 따라서 지침으로서의 AI 윤리의 원칙들이 상충할 경우에 도덕 상대주의에 빠지기 쉽고 원칙들 사이의 충돌을 해소하기 어렵다.

셋째, 생명 의료 윤리와 달리 AI 윤리 지침은 실천적인 행위 지침으로 구체화하는 방법이 상대적으로 덜 제시되었다. 생명 의료 윤리에서도 원칙주의에 대한 대표적인 비판이 원칙을 행위 지침으로 제시하는 것이 어렵다는 것이었고, 원칙주의가 나름대로 이에 대응해 왔던 것은 생명 의료 윤리에 대한 일정한 공감대와 문화, 즉 전문직업성(professionalism)이 존재했기에 가능할 수 있었다. 그러나 AI 영역은 전문직에 대한 문화도 충분하지 않고, 원칙을 행위 지침으로 구체화하는 경험적인 역사도 없어서 행위 지침에 취약하다는 비판에 무방비로 노출된다.

넷째, AI 영역은 법적 책임뿐만 아니라, 전문직의 해명 책임 또한 상대적으로 약하다. 생명 의료 영역은 자격증이라는 전문직 부여 방식과 법적인 규제 아래 통제된다. 이러한 외부적 요인들이 생명 의료 영역의 전문가들로 하여금 윤리적 행위를 하고 수탁자에 대한 의무를 행하게 하는 동기 부여가 되기도 한다. AI 영역에서의 이러한 외적 요인의 부재는 AI 개발자들이 윤리 지침을 준수하게 하는 동력을 더욱 약화한다.

이상의 논의는 현재의 AI 윤리 지형인 지침으로서의 AI 윤리 그 자체가 동기 부여 구조를 갖추지 못해 규범성을 담보하지 못하고, 이에 따라 윤리적 AI 설계나 제작 과정에서 윤리 실현에 기여하지 못함을 보여 준다. 특히 생명 의료 영역의 윤리 지침과 같은 실효성이 AI 영역에서는 어렵다는 한계 분석은, 생명 의료 영역과 AI 영역이 놓여 있는 문화와 환경의 차이가 무엇인지를 선명하게 보여 준다. 생명 의료 영역은 오랜 역사를 통해 형성된 전문직에 대한 문화와 정체성이 형성되어 있어 윤리 지침만으로도 충분하지는 않지만 윤리 실현에 어느 정도 기여하는 부분이 있었다. 그러나 이러한 전문직 문화와 정체성이 부재한 AI 영역에서는 AI 윤리 지침이 그 자체로는 아무런 효과를 낼 수 없을 수밖에 없다. 이런 차이에 주목해 볼 때, AI 영역에서는 AI 지침이 원칙 형태로 아무리 많이 제시된다고 하더라도 실질적인 윤리적 효과를 거두기 어렵다는 것을 알 수 있다.

전문직 윤리로서의 AI 개발자 윤리

미텔스탓은 이러한 비판적 분석을 토대로 지침으로서의 AI 윤리가 제시하는 원칙들만으로는 윤리적 AI를 만들 수 없다고 주장하며 대안으로 원칙들이 실천성을 가질 수 있는 환경을 조성하자고 제안한다. 예를 들어, 위험도가 높은 AI 영역의 개발자에게는 전문직 면허를 공적으로 발급하는 제도를 제안한다. 그런데 이러한 제도적 장치는 여전히 윤리적 AI를 설계하고 제작하게 하는 데 불충분하다. 왜냐하면, 미텔스탓이 잘 지적한 것처럼 AI 윤리를 조성하려는 제도적 장치가 자동으로 AI 개발자들을 윤리적으로 만드는 것은 아니기 때문이다. 따라서 현 단계에서 AI 윤리가 체계적이고 통합적으로 제시되기 위해서는, 그리고 AI 윤리가 윤리적 AI를 설계하고 제작하는 데 기여하기 위해서는 현재 제시된 지침으로서의 AI 윤리의 제도적 기반 아래 AI 개발자에게 내면에서 규범성을 형성하게 할 새로운 방안이 요구된다.

이러한 방안 중 하나가 전문직 문화를 형성하여 전문직 윤리로서의 AI 개발자 윤리를 정립하는 것이다. AI 개발자 윤리의 중요성은, AI 개발 과정에서 전문직인 개발자가 상당히 많은 윤리 결정에 직면한다는 사실과 개발자의 결정이 미치는 사회적 영향력이 크다는 사실에서 알 수 있다. 라이히, 사하미, 와인스타인은 『시스템 에러: 빅테크 시대의 윤리학』(2022)에서 AI 개발자들이 초래할 수 있는 AI 윤리 문제 사례를 제시하면서, 대안으로 의료 영역에서 전문직 윤리로서의 의사 윤리가 있는 것처럼 AI 영역도 전문직 윤리로서의 AI 개발자 윤리가 필요함을 강조한다. 이들은 이런 전문직 윤리의 토대가 되는 전문직 문화를 형성하기 위해 첫째, 가치에 기반을 둔 설계 관행 확대, 둘째, 직업 규범, 강화된 윤리 강령, 면허 취득의 가능성 논의를 통한 전문가들의 윤리의식 고취, 셋째, 규칙 위반자를 제재하는 규범의 개발을 제안한다.

이들의 제안이 AI 개발자 윤리에서 전문직 윤리 문화 형성을 위한 환경 조성에 기여할 수는 있을 것이다. 그런데 그러한 환경 조성은 전문직 윤리의 간접적인 배경 마련에 불과하다. 이들의 논의에는 안타깝게도 AI 개발자 자체의 내면화를 위한 직접적 논의는 빠져 있다. 전문직 윤리 문화 형성의 환경이 전문직 윤리 실현으로 구현되기 위해서는 AI 개발자의 덕성 자체에 대한 논의가 필수다. AI 개발자가 편견이나 차별을 하지 말아야 한다는 윤리 지침을 알고 그러한 논의를 지속하는 환경이 만들어져 있다고 하더라도, 이를 내면화하는 과정을 통해 윤리적으로 민감한 태도를 갖추지 못한다면 그러한 지침과 원칙이 실질적 실천으로 나타나지 않기 때문이다.

도덕의 통합적 성격에서 볼 수 있는 것처럼, AI 개발자 윤리가 실천력을 발휘하지 않는다면 윤리적 AI 개발 자체가 실질적 효과가 있기 어려울 수 있다. 따라서 AI 개발자 윤리가 윤리 실현을 위해 1인칭 규범성을 갖추기 위해 앞 장에서 다뤘던 덕성 중심의 논의와 전문직 윤리가 결합하는 방안을 모색할 필요가 있다.

참고문헌

Freidson, E.(2001). *Professionalism, the third logic: on the practice of knowledge.* University of Chicago Press. 박호진 옮김(2007). 『프로페셔널리즘: 전문직에 대한 사회학적 분석과 전망』. 아카넷.

Garzcarek, U. & Steuer, D.(2019). Approaching Ethical Guidelines for Data Scientists. *arXiv.*

Mittelstadt, B.(2019). Principles alone cannot guarantee ethical AI. *Nature Machine Intelligence* ,1.

Reich, R., et al.(2021) *System Error.* Hodder & Stoughton. 이영래 옮김(2022). 『시스템 에러: 빅테크 시대의 윤리학』. 어크로스.

09
벤치마킹할 과학적 덕성 모델

AI 개발자 윤리 모델로 제시할 '덕성 중심의 AI 개발자 윤리 모델'은 '과학자 덕성 모델'을 벤치마킹의 기준점으로 삼으려고 한다. 과학자 덕성 모델은 기존의 과학자 지침 교육의 대안으로, 이론 연구와 경험 연구의 협업을 통해 과학자 덕성 목록을 구성하고, 이를 효과적으로 함양할 수 있는 교육 모델을 만들어 실제 워크숍을 통해 교육하여 효과를 입증한 모델이다.

벤치마킹의 기준점, 과학적 덕성 모델

AI 개발자 윤리가 윤리 실현을 도모하기 위해서는 윤리 규범이 개발자들에게 내면화되어 의무로 나타나게 하는 데 효과적인 덕성 중심의 전문직 윤리로 제시될 필요가 있다. 그렇다면 이러한 AI 개발자 윤리의 구체적인 내용은 무엇인가? 전문가로서의 AI 개발자에게 어떤 덕성이 필요하며, 그러한 덕성이 필요하다는 것은 어떻게 알 수 있을까? 또한 그러한 덕성을 파악했다고 하더라도 이를 어떻게 AI 개발자가 함양하게 할 것인가? 꼬리를 문 이러한 물음들로 인해 AI 개발자 윤리의 구체적인 내용을 제시하려는 시도가 가능하기는 할 것인지 걱정이 앞서기도 한다. 덕성 중심의 AI 개발자 윤리라는 과제를 앞에 두고 막막한 마음이 앞서기에 뭔가 참고할 만한 논의가 있으면 좋겠다고 생각하게 된다. 벤치마킹할, 도움받을 만한 논의는 없을까?

구체적이고 실질적인 덕성 기반의 AI 개발자 윤리를 모색하기 위해 미시간 주립 대학의 과학철학 교수인 로버트 페녹(Robert Pennock)과 그 연구팀의 '과학적 덕성(Scientific Virtue, 이하 SV)' 모델에서 도움을 얻고자 한다. 왜냐하면, AI 영역은 일반적으로 공학 영역으로 분류되지만, 과학과도 긴밀한 연관성을 갖고 있어서 SV 모델과 무관하지 않을 뿐만 아니라, 덕성 기반의 SV 모델이 피교육자들의 윤리 실현에 있어서 실질적 효과를 보여 주고 있기 때문이다.

과학적 덕성 모델의 첫 번째 단계: 과학적 덕성 목록 구성

과학적 덕성 모델 이전에 과학자들이 윤리적일 필요가 있다는 공감대에서 제시된 논의는 '책임 있는 연구 수행(Responsible conduct of research)' 모델이었다. 이 모델은 제도 윤리 층위에서 제시된 윤리 지침이나 윤리 강령을 그대로 과학자들에게 교육하는 것이었다. 그런데 이러한 모델은 효과적이지 않았을 뿐만 아니라, 오히려 심각한 문제를 야기했다. 페녹 등의 분석에 따르면, 이러한 모델은 단지 주어진 지침을 알면 충분하다는 잘못된 인상과 윤리가 강제적이라는 잘못된 인상을 주었다(Pennock & O'Rourke, 2017).

원칙과 규칙을 제시하는 방식인 지침으로서의 과학 윤리는 내면화된 동기 부여와 거리가 멀어 구체적인 사안에 대해 행위 지침을 제시하기에 취약하다. 이에 대안으로 제시된 것이 과학적 덕성 모델이다. 덕성 모델은 덕성의 연습과 훈련을 통한 내면화를 본질로 하고 있어서 실천을 위한 동기 부여에 효과적이기 때문이다. 더욱이, 덕성 모델은 비록 사안이 다양하더라도 과학자의 성품이 덕성을 갖추고 있으면 구체적 사안에 적절한 맞춤형 대응이 가능하다는 강점이 있다. 과학적 덕성 모델은 과학적 덕성 목록 구성, 과학적 덕성 교육 모델 계발, 과학적 덕성 교육 워크숍 실행의 3단계의 순차적 과정으로 이루어진다.

첫 번째 단계인 과학적 덕성 목록 구성은 이론 연구와 경험 연구의 상호 협력 아래 이루어진다. 이론 연구는 목적론적 덕 윤리를 토대로 하고 있으며 경험 연구는 양적, 질적 연구 방법론을 통해 이루어진다. 기존 덕 윤리와의 차이는, 과학적 덕성 모델이 전문직 덕성(vocational virtues), 즉 과학, 공학, 의학, 교육 등의 전문 영역에서의 특정 훈육 관행을 구성하는 덕성을 강조한다는 점이다. 아리스토텔레스의 덕 윤리는 목적론과의 관련성 아래 인간 성취(human fulfillment)와 개인 성취(fulfillment)로 구분될 수 있다. 전자가 인간 전체의 목적과 관련된다면, 후자는 개인의 목적, 즉 소명과 연결하여 이해할 수 있을 것이다. 이러한 논의에 따르면, 개인 성취에 토대를 둔 과학적 덕성 모델은 인간 성취에만 초점을 맞춘 기존 덕 윤리와는 구분되지만, 덕 윤리의 원조인 아리스토텔레스 논의에 토대를 두고 있음을 부인할 수 없다.

페녹은 이러한 이론적 토대에서 과학의 목적(telos)은 자연 세계에 대한 절대 진리가 아닌 경험적 진리를 발견하는 것이며, 과학자는 진리를 추구하는 사람이기 때문에 진리를 추구할 때 과학자들은 '잘삶(eudaimonia)'인 행복에 도달한다는 이론적 분석을 제시한다. 이러한 덕성 논의는 현대 덕 윤리학자인 알레스데어 매킨타이어(Alasdair MacIntyre)의 관행(practice) 개념에서 잘 구현된다. 매킨타이어는 관행을 사회적으로 확립된 협력적 인간 활동의 정합적이고 복잡한 형태라고 정의한다(MacIntytre, 1984). 매킨타이어는 아리스토텔레스의 덕 윤리를 계승하면서도, 아리스토텔레스 논의가 갖는 형이상학적 생물학이라는 본질주의의 한계를 극복하기 위해 자연주의 방식인 사회 협력 활동에 주목하여 현대적 의미의 덕 윤리를 제시한다. 페녹은 이러한 방식을 과학자 사회에 적용하여 과학적 덕성 모델을 구성한다. 이러한 활동에 적절한 탁월성(덕성) 기준에 도달하려고 노력하는 과정에서 관행의 내재적 좋음이 실현된다. 덕성은 탁월함의 특성인 방식으로 행위를 하게 하는 정신적 경향성을 의미하며, 이러한 덕성은 연습과 훈련을 통해 습관으로 길러지는 것이다.

과학적 덕성 목록은 전문가인 과학자들의 목표 가치가 전문직 덕성으로 나타난다는 이론적 토대 아래, 미국 과학회(National Academy of Sciences)의 구성원처럼 동료 과학자들에게 모범이 되는 과학 연구자들과의 인터뷰를 통해 구체화되었다. 5년 동안 1,100여 명과 25개의 열린 질문을 토대로 대면 또는 전화 인터뷰를 1인당 평균 45분씩 진행했고, 시간이 없는 일부 과학자들은 온라인 설문 조사 방식을 이용하여 SV 목록을 구체화하였다. 질적, 양적 연구 방법을 병행한 경험 연구는 단순히 현상을 기술하는 것이 아니라 규범적인 성격도 가지고 있다. 왜냐하면, 모범이 되는 과학 연구자는 이미 그러한 덕성을 갖춘 인물이기 때문이다. 아리스토텔레스의 덕 윤리가 덕성을 함양하기 위해 덕성을 갖춘 사람들을 모방하고 그들을 따라 연습하는 훈련을 강조하는데, 모범이 되는 과학 연구자가 그러한 표본이 된다.

덕성에 대한 이론 연구와 과학자들과의 경험 연구의 상호 협력 과정을 통해 정립된 SV 목록의 10개 핵심 덕성은 정직, 호기심, 인내심, 객관성, 증거에 대한 겸손, 주의 깊음(attentiveness), 회의주의, 용기, 협동심, 정확함(meticulousness)이었다. 목록 구성에서 이론 연구와 경험 연구의 협업이 중요하다는 것은 다음 사례에 잘 나타난다. 페녹은 다윈의 장례식 설교에서 조지 프로세로(Rev. George Prothero) 목사가 다윈은 “이 시대의 위대한 과학자”이자 “예수님의 진정한 정신의 핵심인 자비”를 실천하며 살아온 사람이며 “굉장한 겸손” 성향을 보였고 “지적 자만심과 거리가 먼 사람”이었다고 언급했던 것을 토대로 과학자 덕성에 지적 겸손함(intellectual humility)을 넣어 과학자들과 열린 물음 인터뷰를 시작했는데, 이러한 경험 연구에서는 이 덕성이 나타나지 않았다. 지적 겸손함을 과학자들의 맥락에서 재분석해 보니 “증거에 대한 겸손함,” 즉 새로운 증거가 나타나면 자신의 주장에 대해 겸손한 태도를 갖는 것이 더 좋은 과학을 하게 하는 것임을 알게 되어 덕성 목록을 수정하고 구체화하였다(Pennock, 2015). 이러한 목록은 지침으로서의 윤리와 달리, 과학 공동체 구성원들의 자기반성과 소통의 결과라는 점에서 목록 구성 과정에서 이미 참여한 과학자들은 1인칭 관점의 내면화를 시작하게 된다. 더욱이 이러한 목록은 전문직 덕성에 토대를 두고 있어서 추후 교육 과정에서도 해당 전문직 공동체 구성원들과의 소통을 통해 자각되고 동기 부여되기에 용이하다.

과학적 덕성 모델의 두 번째 단계: 과학적 덕성 교육 모델 계발

과학적 덕성 모델은 수립된 과학적 덕성 목록을 동기 부여하도록 과학자들을 어떻게 교육할 것인가에 대한 교육 모델을 계발하고 이를 실행하였다.

이론 중심적 SV 교육 모델은 생명 의료 윤리 영역에서 잘 보여 주는 것처럼, 대부분의 전문직 윤리에서 볼 수 있는 전통적인 방식이다. 이론 중심적 SV 교육 모델은 먼저 이론적 토대가 되는 덕 윤리 이론을 제시한다. 그러고 나서 이런 이론의 틀에 따라 과학의 본성과 목적을 다루는 과학철학으로부터 과학자에 대한 철학으로 나아간다. 이 과정에서 SV 목록을 과학자들의 목적과 관련된 호기심과 지적 정직, 그리고 방법론과 관련된 회의주의와 객관성, 과학 실험 과정에서 요구되는 인내심과 주의 깊은, 용기와 협동심, 정확함 등을 차례로 과학과의 관련성 속에서 설명한다. 이론 설명 과정에서 과학 연구와 관련된 정치적 복잡성이나 사회적 압박 등의 다양한 요구들, 예를 들어 피험자에 대한 윤리적 대우나 동물 복지, 표절과 연구 결과 위·변조 등의 논의에 주의를 기울이며 관련성이 논의된다.

이론 중심적 SV 교육 모델은 '책임 있는 연구 수행' 모델에서 전통적으로 요구하는 내용들을 체계적인 SV 목록을 통해 논리적으로 제시한다는 장점이 있다. 그리고 이 과정에서 참여자들은 1인칭 관점의 규범성을 내면화할 수 있다는 강점이 있다. 그러나 참여자들이 만약 인문학, 특히 철학에 익숙하지 않은 사람들이라면, 이들에게 덕 윤리나 과학 철학이라는 철학 내용 자체가 너무 추상적이어서 어려울 수 있다. 따라서 이론 중심적 SV 모델은 참여자들의 배경지식을 고려하여 사용할 필요가 있다.

모범 중심적 SV 교육 모델은 탁월한 과학자의 본보기를 통해 덕성 함양을 도모하려는 방식이다. 덕 윤리는 덕성 있는 사람이 되는 것이 목표인데, 이를 위해 이 모델은 모범이 될 만한 과학자를 소개하고 그의 덕성을 참여자들이 배우게 하는 것이다. 모범이 되는 과학자들의 자서전이나 전기, 그리고 역사적 기록과 성과물들이 교육에 사용된다. 이 모델에서 모범으로 삼고 있는 과학자들은 찰스 다윈(Charles Darwin), 알베르트 아인슈타인(Albert Einstein), 리처드 파인만(Richard Feynman), 벤저민 프랭클린(Benjamin Franklin), 앨런 튜링(Alan Turing) 등이다. 이 모델에 튜링이 들어갔다는 것은 SV 모델이 덕성 중심의 AI 개발자 윤리 모델과 관련될 수 있음을 보여 준다. 튜링은 수학자이며 과학자인 동시에 인공지능의 아버지로 불릴 정도로 AI 개념의 토대인 '생각하는 기계'나 '기계 학습' 등의 개념을 처음으로 만들어 내고 이에 따라 직접 컴퓨터를 만들었던 공학자이기 때문이다.

모범 중심적 SV 교육 모델은 실제 인물을 중심으로 덕성을 배운다는 점에서 접근하기 쉬우며 관심을 높이기에 효과적이다. 이 모델은 참여자들이 참여할 수 있는 다양한 방식, 예를 들어 자서전 감상문, 전기 발표, 영화 감상 토론, 견학 등을 도입하여 본보기가 되는 과학자를 깊이 탐구하게 할 수 있다는 장점이 있다. 이 교육 과정을 통해 참여자들은 '나도 그와 같은 인물이 되고 싶다'라는 열망을 갖게 되어 덕성을 함양할 동기 부여를 강화한다는 강점도 있다. 그러나 이 모델은 모범이 되는 과학자를 이해하고 배우기 위해 많은 시간이 필요할 뿐만 아니라, 그의 삶을 깊이 있게 탐구하기 위해서는 해당 영역의 전문 지식도 어느 정도 필요하다는 단점이 있다.

개념 중심적 SV 교육 모델은 SV 목록 가운데 한두 개의 덕성을 선별하여 대화하면서 함양하는 방식이다. 철학적 배경이나 모범이 되는 과학자 전공에 대한 전문 지식 없이도 덕성 개념에 깊이 있게 접근한다는 점에서 다양한 참여자들을 수용할 수 있다는 장점이 있다. 짧은 시간이지만 특정 덕성 개념과 관련된 과학 관련 문구를 두고 참여 모둠에서 대화하면서 해당 개념을 깊이 이해하고 내면화하는 과정을 갖게 한다. 그러나 개념 중심적 SV 교육 모델은 90분이라는 짧은 워크숍을 통해 한두 개의 SV 덕성 개념을 배우기 때문에 과학적 덕성 전반에 대한 이해가 부족하고 과학자로서의 삶에 대한 이해도 낮을 수 있다. 이런 단점을 보완하기 위해서는 일정 기간 이후에 추가 워크숍을 지속적으로 할 필요가 있다.

과학적 덕성 모델의 세 번째 단계: 과학적 덕성 모델 워크숍 실행

페녹은 이론 중심적 SV 모델, 모범 중심적 SV 모델, 개념 중심적 SV 모델을 비교 설명하면서 다양한 방식이 피교육자의 상황이나 배경에 따라 전략적으로 사용될 수 있다는 견해를 밝힌다.

특히 개념 중심적 SV 모델에 토대를 둔 대화 중심의 워크숍을 진행하면서 과학적 덕성 툴박스를 통한 과학적 덕성 개념을 하나의 모듈(30~45분)에 하나씩 배치하고, 한 워크숍에 두 개의 덕성을 다루도록 구성하였다(Pennock & O'Rourke, 2017). 덕성은 연습과 훈련을 통해 습관으로 길러지는 것인데 단시간의 워크숍을 통해 과학적 덕성 함양에 도움이 될 수 있을지에 대한 의구심이 있을 수 있다. 그러나 워크숍이 참여자에게 없는 덕성을 함양시키는 것이 아니라, 참여자에게 이미 내재하지만 잊히거나 간과되었던 자신의 전문직 목적인 가치를 일깨우는 계기이고 이러한 자각이 이후 참여자의 과학 활동에서 연습으로 나타난다고 본다면 이러한 의구심은 어느 정도 해소될 수 있을 것이다.

다양한 덕성들은 상호 통합되어 있다는 덕성의 통합 원리(unity of virtue) 아래 하나의 덕성 개념에 대해 이해하고 내면화하는 것이 다른 덕성들의 향후 함양에도 도움이 되지만, 다른 덕성과의 관계도 이해하기 위해 워크숍에서 두 개의 모듈을 병행하도록 구성하였다. 예를 들어 인내와 증거에 의한 겸손(humility to evidence) 모듈의 병행은 참여자들이 이들 가치가 함께 어떻게 잘 조화될 수 있는지에 대해 탐구하게 하였다. 과학적 덕성 모델은 한 그룹에 5~6명, 이상적으로 3~5명 정도로 구성되며 상황에 따라서 더 많은 인원도 가능하다.

과학적 덕성 툴박스 파워포인트 자료는 참여자들이 과학의 내적인 목표와 가치에 대해 과학 공동체 전체와의 관련성 속에서 자신의 이해로부터 시작하여 숙고하고 반성하도록 디자인된다. 대화 과정은 참여자들과 모범으로 삼은 과학자들의 인터뷰 내용과의 연관성을 통해 풍성해진다.

이러한 교육 워크숍 실행은 과학 공동체 구성원들의 자기반성과 소통하는 1인칭 관점의 내면화 덕분에, 교육적 효과가 있다는 결과를 보여 주었다. 2013년부터 2017년까지의 15번의 과학적 덕성 모델 워크숍에 참여한 73명 가운데 연구 참여에 동의한 66명을 대상으로 한 연구에 따르면, 89%의 참여자들은 과학적 덕성이 무엇인지를 이해하는 것이 자신들의 연구 윤리 향상에 기여했다고 답변했다(Berling et al., 2019).

덕성 중심의 AI 개발자 윤리 모색을 위한 과학적 덕성 모델의 벤치마킹 가능성

페녹은 과학에서는 호기심과 지적 정직함이 기본적인 과학적 덕성이었는데 공학에서는 혁신(innovation)에 대한 성품이 중요할 것으로 추측한다. 이것은 공학 영역, 특히 AI 개발자 윤리 영역에서도 과학적 덕성 모델 방식에 따라 덕성 모델을 구성하는 것이 가능하다는 의미다. 더욱이, AI는 지능적 행동을 산출하는 기계나 이를 구동시키는 프로그램을 제작하는 분야인 동시에 마음을 탐구하는 인지 과학(cognitive science)의 일부라는 점에서 AI는 과학과 공학의 연관성하에서 이해할 수 있다. 앞에서도 언급한 것처럼 페녹은 SV 모델의 모범 중심적 교육 방안에서 모델 가운데 AI의 아버지로 불리는 튜링을 포함한 것도 벤치마킹 가능성을 높인다.

덕성 중심의 AI 개발자 윤리 모델은 이러한 과학적 덕성 모델을 따라 AI 개발자들의 덕성 목록을 구성하는 것으로부터 시작할 수 있다. 과학적 덕성 모델이 그랬던 것처럼, AI 개발자들이 갖는 전문직 덕성이 무엇인지를 이론적으로 모색하고 이를 AI 개발자들과의 소통을 통해 정교화하고 구체화할 필요가 있다. 이렇게 구성된 AI 개발자 덕성 목록이 효과적으로 AI 개발자들의 덕성 함양에 기여할 수 있는 교육 모델을 계발하고 이를 적용한 교육 워크숍을 실시한다면, AI 개발자들의 윤리적 덕성을 함양할 수 있을 것이다.

참고문헌

목광수(2020). 인공지능 개발자 윤리: 덕성 기반의 모델을 제안하며. ≪철학논총≫, 제102집 제4권.

Berling, E., et al.(2019). A New Method for a Virtue-Based Responsible Conduct of Research Curriculum: Pilot Test Results. *Sci Eng Ethics,* 25.

MacIntyre A.(1984). *After Virtue*, 2nd ed.. University of Notre Dame Press.

Pennock, R.(2015). Following Humbly where Nature Leads: How Scientists Embody Humility. *Slate: What Do We Know? Essays & Opinions.*

Pennock, R.(2019). *An Instinct for Truth: Curiosity and the Moral Character of Science.* MIT.

Pennock, R. & O'Rourke, M.(2017). Developing a Scientific Virtue-Based Approach to Science Ethics Training. *Sci Eng Ethics,* 23.

10
덕성 중심의 AI 개발자 윤리 모델

덕성 중심의 AI 개발자 모델은 AI 개발자들을 인터뷰하고 설문 조사하는 경험 연구와 이론 연구의 협업을 통해 AI 개발자 덕성 목록을 구성한다. 그리고 이를 효과적으로 교육할 수 있는 모델을 제시하여 실제로 워크숍을 실시하는 모델이다. 덕성 중심의 AI 개발자 윤리 모델은 AI 개발자들의 덕성을 함양하여 AI 윤리의 기틀을 마련하는 첫걸음이 될 것이다.

덕성 중심의 AI 개발자 윤리 모델 모색

과학적 덕성 모델은 과학적 덕성 목록 구성, 과학적 덕성 교육 모델 계발, 과학적 덕성 교육 워크숍 실행의 3단계의 순차적 과정으로 이루어진다. 이를 벤치마킹의 기준점으로 사용하여 구성될 '덕성 중심의 AI 개발자 윤리 모델'을 다루는 이 글은 첫 번째 부분인 AI 개발자 덕성 목록을 제시하는 부분에 초점을 두고자 한다. 왜냐하면, AI 개발자 윤리 모델 또한 두 번째 단계와 세 번째 단계는 과학적 모델 방식을 그대로 차용해도 될 것으로 보이기 때문이다.

과학적 덕성 모델이 그랬던 것처럼, AI 개발자 덕성 목록을 구성하기 위해서는 이론 연구와 경험 연구의 협업이 필수다. 이론 연구는 덕성에 대한 아리스토텔레스의 덕 윤리를 비롯하여 공학과 관련한 덕성 문헌 연구를 중심으로 진행되며, 경험 연구는 AI 개발자들과의 인터뷰와 설문 조사를 통해 이루어질 질적, 양적 연구를 중심으로 이루어진다. 이론 연구에서 발굴한 덕성이 현실의 AI 개발자들의 문화와 의식 속에서 어떻게 구체화될지, 그리고 AI 개발자들의 문화와 관행이 어떻게 덕성으로 이론화될지를 상호 비교와 조정 과정을 통해 진행한다. 이를 통해 AI 개발자 덕성 목록을 구성해 나갈 것이다.

덕성 중심의 AI 개발자 윤리 모델: 덕성 목록의 경험 연구

AI 개발자를 위한 덕성 목록 구성을 위한 경험 연구는 다음과 같은 질문으로부터 시작할 수 있다. AI 개발자들에게 AI 개발의 목적(telos)은 무엇인가? AI 개발의 목적이 일반적인 공학의 목적과 어떻게 구분되는가? 페녹은 과학자 덕성 모델을 제시하면서 과학과 공학의 유사성에도 불구하고 공학의 목적은 과학처럼 진리를 발견하는 것이 아니라, '새로운 것을 만드는 것(to build new things)'이라는 이론적 분석을 제시한다(Pennock, 2019). 현대 공학자들에게 과학은 꼭 필요한 도구인데도 공학자들은, 예를 들어 새로운 물질의 발견 같은 일을 하더라도 그러한 발견이 어디서부터 온 것이고 그 속성이 무엇인지와 같은 것에 과학자들이 그러는 것만큼의 많은 관심을 두지 않는다는 점에서 과학자와 구분된다. 공학자들은 과학을 응용하는 것이고 때때로 과학적 발견을 하기도 하지만 그들의 주된 목적과 방법은 과학자들과 구별된다. 이런 차이에도 불구하고 과학과 공학이 겹치는 부분도 적지 않으며, 최근에는 과학자들도 공학적 목적과 응용에 더 많은 관심을 두기도 한다. 과학자들도 자신들의 일을 사회를 개선하고 더 좋은 인간 조건을 만드는 것으로 생각하기도 하기 때문이다.

공학과 과학과의 관계를 통해 AI 개발의 목적을 탐구하는 과정에서 AI 개발의 목적이 일반적인 공학의 목적과 구분되는지의 물음도 탐구되어야 한다. 전문직을 연구한 엘리엇 프라이드슨(Eliot Friedson)이 말한 것처럼 전문직의 존재 이유가 초월적 가치를 위해 봉사한다는 의식이라면, AI 개발자가 전문직으로서 일반적인 공학과 구분되는 초월적 가치를 위해 봉사하는 것이 무엇인지를 규명할 필요가 있다(Freidson, 2001). AI 개발자의 목적이 일반적인 공학과 구분되는 초월적 가치와 관계한다면, AI 개발자들의 전문직 덕성(vocational virtues)은 이러한 목적을 달성하기 위해 필요한 가치들이 될 것이다. 이러한 가치들은 무엇일까? 한국의 AI 개발자들을 대상으로 인터뷰와 설문 조사 등의 양적, 질적 연구를 통해 AI 개발자 덕성 목록의 구체적인 내용이 구성될 필요가 있다.

덕성 중심의 AI 개발자 윤리 모델: 덕성 목록의 이론 연구

과학적 덕성 모델을 벤치마킹하는 AI 개발자 덕성 목록 구성 작업은 경험 연구와 이론 연구의 협업을 통해 진행되어야 한다. 이러한 이론 연구에서 고려할 이론적 토대는 아리스토텔레스의 덕 윤리다. 아리스토텔레스에 의하면, 인간의 목적을 '잘삶(eudaimonia)' 추구라고 할 때, 인간의 성품 가운데 도덕적인 성품인 덕성(virtue)을 갖추는 것이 '잘삶'을 추구하는 중요한 방법이다. 아리스토텔레스는 서양 최초의 윤리학 저서인 『니코마코스 윤리학』에서 덕성을 과도와 결핍의 중간인 중용(mesotes)이라고 설명하며, 이러한 중용은 산술적 평균이 아니라 최적의 상태를 의미한다는 점에서 오랜 숙고와 훈련이 필요하다고 주장한다. 예를 들어 용기라는 덕은 비겁과 만용 사이에 있는 것으로, 어떤 상황에서는 도망가는 것이 용기일 수 있고 어떤 상황에서는 맞서는 것이 용기일 수 있다. 이처럼 덕 윤리는 내면화된 성품을 갖추는 것이 중요하다는 점에서, 1인칭 관점의 규범성과 긴밀하게 연결된다.

AI 개발자 덕성 목록 모색을 위해 검토할 기존의 이론 논의는, 현재의 AI 윤리인 지침으로서의 윤리 원칙들이 수렴한 생명 의료 윤리의 4대 원칙인 자율성, 악행 금지, 선행, 정의(공평성, 형평성)와 관련된 덕성으로부터 시작해 볼 수 있을 것이다. 생명 의료 윤리 영역에서 이러한 4대 원칙에 상응하는 덕성으로 자율성에 대한 존중감, 악의 없음, 자애심(benevolence), 정의감을 제시한다(Beauchamp & Childress, 2019). 또한, 이와 관련해서 생명 의료 윤리에서 핵심적 덕성으로 간주하는 공감(compassion), 분별 있음(discernment), 믿음직함(trust-worthiness), 인테그리티(integrity), 양심적임(conscien- tiousness) 덕성도 참고할 수 있다. 지침으로서의 AI 윤리에서 AI 특성을 반영하는 지침인 설명 가능성(투명성, 해명 책임)과 관련해서 고려할 덕성은, 정직함, 성실함, 진실성, 친절함 등이 있을 것이다.

과학적 덕성 모델이 비록 과학 영역에서 과학자가 추구할 덕성을 기본으로 하지만, 과학과 공학의 깊은 관련성을 고려할 때, 과학적 덕성 목록도 AI 개발자 덕성 목록에서 참고할 만하다. 과학적 덕성 목록은 정직함, 호기심, 인내심, 객관성, 증거에 대한 겸손, 주의 깊음, 회의주의, 용기, 협동심, 정확함의 10개 핵심 가치다.

공학 윤리에서 덕 윤리가 중요하다는 논의에는 개발자의 윤리뿐만 아니라 사용자의 윤리도 포함된다. 예를 들어, AI 시대에 인간이 잘 살 수 있게 하기 위해 필요한 것은 공학도덕 덕성(technomoral virtue)이라는 주장이 그렇다(Vallor, 2016). 공학도덕 덕성 모델은 수정 가능성을 인정하면서 12개의 공학도덕 덕성을 제시하는데 이런 덕성은 개발자뿐만 아니라 사용자에게도 적용된다: 정직, 절제/자기 통제, 겸손, 정의, 용기, 공감, 돌봄, 시민성, 유연성, 관점(perspective), 관대함(magnanimity), 공학도덕 지혜다.

이상에서 살펴본 세 개의 목록에서 공통적인 부분을 재분류해 보면, AI 개발자에게 요구되는 덕성은 기본적으로 '정직(양심적임, 진실성, 믿음직함 등)', '공감(분별있음, 유연성, 시민성, 친절함 등)', '용기(인테그리티, 자애심, 돌봄 등)', '정의감(협동심, 악의 없음, 관대함 등)', '절제(자기 통제, 자율성에 대한 존중감, 인내심, 객관성, 주의 깊음, 성실함, 정확함, 겸손 등)' 등으로 볼 수 있다. AI 개발자는 자신의 전문직이 인류 번영과 발전이라는 고차원적 가치를 추구해야 한다는 마음가짐 아래, 이론 연구에서 발굴한 '정직', '공감', '용기', '정의감', '절제'에 대한 덕성을 AI 개발자들과의 소통 과정을 통해 검토하는 경험 연구로 정교화하고 구체화할 수 있을 것이다. 이렇게 선별된 AI 개발자를 위한 덕성은 SV 모델처럼 대화에 토대를 둔 워크숍을 통해 교육하면서 AI 개발자들의 덕성 함양을 도모할 수 있을 것이다.

덕성 중심의 AI 개발자 윤리의 적용

덕성 중심의 AI 개발자 윤리 워크숍에 참여한 AI 개발자는 AI 개발 과정에서 어떻게 변화될까? AI 개발자는 이전과 달리 자신의 활동이 덕성에 부합하는지를 끊임없이 고민하면서 덕성을 갖추고자 노력할 것이다. 이처럼 중용으로서의 덕성을 찾아가는 훈련 과정에서 AI 개발자는 자신이 개발하는 알고리즘이 미칠 영향력에 대해 사회 구성원들의 관점에서 공감하고 정직하게 연구에 임할 것이다.

AI 개발은 개발자의 의도와 달리 윤리 문제를 초래할 여지가 많다. 미국 노스포인트(Northpointe)사(社)의 컴파스(COMPAS)는 범죄자의 재범 가능성을 예측하는 AI 시스템인데, 2016년 미국의 독립 언론인 ≪프로퍼블리카≫의 탐사보도에 따르면 컴파스가 유색 인종을 차별하여 백인보다 더 불리한 판단을 했다고 한다. 컴파스가 비록 알고리즘에서 피고의 인종을 변수로 포함하지 않았지만, 범행 이후 체포되는 비율에서 유색 인종이 백인종보다 현저히 높아 알고리즘에서 인종 변수가 없더라도 유색 인종이 재범을 더 많이 하는 것으로 판단되었다는 것이다. AI 알고리즘의 학습 데이터가 불공정하고 차별이 만연한 현실을 그대로 반영하면서 그러한 차별이 더욱 가중된 것이다. 비슷한 사례는 채용 AI 서비스에서도 발생하기 쉽다. 아마존이 최고의 인재를 채용하기 위해 10년 동안 회사가 받은 이력서와 다른 내부 자료를 이용해 2014년부터 준비 중이던 채용 AI 서비스가 여성 지원자에 대해 차별을 초래할 수 있어 2017년 중단했다. 채용 AI 서비스의 차별 문제는 의도하지는 않았지만, 그동안 축적된 데이터를 바탕으로 학습하는 과정에서 발생한 문제였다. 왜냐하면 미국의 IT 업계는 남성이 높은 비율을 차지하는데, 이러한 데이터로 인해 의도와 무관하게 결과적으로 남성에 우호적이고 여성에 불리한 알고리즘이 형성된 것이다.

이상의 사례들에서 볼 수 있는 것처럼, 승진과 해고, 재판, 채용, 대학 입학, 대출 등 인간 삶의 중요한 영역에서 AI를 사용하는 것이 얼핏 보면 차별과 불공정을 막기에 효과적이라고 생각하기 쉽다. 그러나 의도와 달리 AI는 현실의 차별과 불공정을 더욱 심화하여 편향성을 강화하는 경향이 있다. AI가 현실의 데이터를 통해 학습한다는 점에서 현실의 문제, 예를 들면 인종 차별이나 성차별 등의 비윤리적이며 부정의한 현실을 그대로 반영하기 때문이다. 더욱이 AI는 학습된 AI가 인간의 개입 없이 현실의 데이터를 통해 어떤 판단과 결정을 내리기에 나름의 공정성을 확보할 것이라는 사람들의 믿음으로 인해 현실의 부정의를 공고히 하고 정당화한다는 더 심각한 문제가 있다.

차별과 부정의한 현실이 알고리즘에서 증폭되지 않게 하기 위해 AI 개발자는 자신의 욕망에 대한 '절제' 덕성을 통해 인류의 번영과 발전이라는 초월적 가치를 추구하면서, 알고리즘이나 데이터 학습이 초래할 사회적 영향력에 대한 '공감' 덕성을 갖고 초월적 가치를 지향하려는 '정직' 덕성을 실천하려고 노력해야 한다. 그러한 사려 깊은 윤리적 고려 과정을 경제 논리로 인해 간과하려는 압박이 있더라도 '용기' 덕성을 발휘하여 차별과 부정의에 대항하는 '정의감' 덕성을 행사해야 한다.

지속 가능한 번영의 미래를 향한 발걸음

AI 개발자 윤리는 AI 윤리 실현을 도모하기 위한 첫걸음이다. 이 첫걸음은 시급하고 중요하다. AI 알고리즘이나 프로그램이 개발되어 사용되는 과정에 미처 생각하지 못한 윤리 문제들을 직면할 때마다, 이를 개발한 AI 개발자들이 좀 더 윤리적인 관점을 가졌으면 예방할 수 있었을 터라고 생각하는 것이 이런 중요성을 보여 준다. AI 개발자들은 윤리 문제를 사전에 차단할 수 있는 위치에 있다는 점에서 중요하다. 또한 개발된 AI가 인간 삶에 지대한 영향을 끼쳐 인간 삶의 양식을 변화시킨다는 사실에서 보면, AI 개발자들은 인류의 미래를 끌어나갈 중요한 위치에 있음을 깨닫게 된다.

그러나 AI 개발자 윤리만으로 윤리 실현이 도모되는 것은 아니다. 윤리적 고려를 통해 개발된 AI라고 하더라도 이를 사용하는 사람들이 악용하거나 비윤리적으로 사용하게 되면 AI의 기계 학습 방식으로 인해 변질될 수 있기 때문이다. 이런 점에서 AI 사용자의 윤리도 중요하다. 2016년 마이크로소프트의 챗봇 테이가 인종 차별적인 발언을 한 사례나 2021년 스캐터랩의 챗봇 이루다가 성희롱 발언이나 혐오 발언을 한 사례는 AI 개발자 윤리 못지않게 AI 사용자의 윤리도 중요함을 잘 보여 준다.

AI 사용자 윤리에는 'AI 리터러시'뿐만 아니라 덕성 중심의 AI 사용자 윤리도 필요하다. AI가 어떤 사회적 의미와 영향력을 가지며 어떤 윤리 문제를 초래하는지를 이해할 뿐만 아니라, 자신의 AI 사용이 인류 번영에 기여해야 한다는 정의감 덕성처럼 AI 시대에 필요한 덕성을 잘 갖출 필요가 있다.

또한 의도하지 않았더라도 윤리 문제가 야기될 수 있기에 이를 사회적으로 잘 대응하는 제도 층위의 AI 윤리도 중요하다. 더욱이 이런 개인 윤리 층위와 제도 윤리 층위가 이론적으로 잘 정당화되고 지속적으로 실천되기 위해서는 도덕의 구조에 따라 정교하게 통합된 AI 윤리 이론들이 이론 윤리 층위에서 잘 제시되어야 한다. 이처럼 개인 윤리 층위, 제도 윤리 층위, 이론 윤리 층위가 통합적으로 잘 협력할 때 AI 윤리 실현이 가능할 것이다. 덕성 중심의 AI 개발자 윤리를 첫걸음으로 시작할 AI 윤리의 여정이 인류를 지속 가능한 발전과 번영으로 인도하길 기대한다.

참고문헌

목광수(2020). 인공지능 개발자 윤리: 덕성 기반의 모델을 제안하며. ≪철학논총≫, 제102집 제4권.

Beauchamp, T. & Childress, J.(2019). *Principles of Biomedical Ethics*. Oxford University Press.

Freidson, E.(2001). *Professionalism, the third logic: on the practice of knowledge*. University of Chicago Press. 박호진 옮김(2007). 『프로페셔널리즘: 전문직에 대한 사회학적 분석과 전망』. 아카넷.

Pennock, R.(2019). *An Instinct for Truth: Curiosity and the Moral Character of Science*. MIT.

Vallor, S.(2016). *Technology and the Virtues*. Oxford University Press.

목광수

서울시립대학교 철학과 교수다. 서울대학교 철학과를 졸업하고, 동 대학원에서 석사 학위를, 미시간주립대학교에서 박사 학위를 받았다. 한국윤리학회와 한국생명윤리학회 부회장으로 활동하고 있다. 윤리학과 정치철학 관련 연구를 해 오고 있으며, 최근에는 인공지능과 빅데이터의 윤리와 생명 의료 윤리를 연구하고 있다. 저서로는 『루치아노 플로리디, 정보 윤리학』(2023), 『정의론과 대화하기』(2021), 『인공지능 시대의 인간학』(공저, 2021), 『인공지능의 윤리학』(공저, 2019), 『인공지능의 존재론』(공저, 2018) 등이 있다. 주요 논문으로는 "경제적 불평등 시대의 정의론"(2024), "롤즈의 재산소유 민주주의와 기업"(2023), "생명 의료 영역에서의 넛지 전략과 관계적 자율성"(2022), "롤즈의 넓은 반성적 평형과 자존감"(2021), "프라이버시의 의미와 가치, 그리고 리스크 모델"(2021), "아마티아 센의 전지구적 정의관"(2018), "인공지능 시대의 정보 윤리학: 플로리디의 '새로운' 윤리학"(2017), "인공지능 시대에 적합한 인격 개념"(2017), "역량 중심 접근법에 입각한 의료 정의론 연구"(2014), "장애(인)와 정의의 철학적 기초"(2012) 등이 있다.